物理学实验指导

(供中医类、中西医结合、中药、药学等专业用)

主　编
邵建华　韦相忠

副主编
郭晓玉　杨林静　钱天虹
刘　慧　叶　红

上海科学技术出版社

图书在版编目(CIP)数据

物理学实验指导 / 邵建华,韦相忠主编. —上海:
上海科学技术出版社,2017.8(2025.3重印)
 ISBN 978－7－5478－3586－9

Ⅰ.①物… Ⅱ.①邵…②韦… Ⅲ.①物理学－实验－中医学院－教材 Ⅳ.①O4－33

中国版本图书馆 CIP 数据核字(2017)第 161969 号

物理学实验指导
主编 邵建华 韦相忠

上海世纪出版(集团)有限公司
上海 科 学 技 术 出 版 社 出版、发行
(上海市闵行区号景路159弄A座9F-10F)
邮政编码 201101　　www.sstp.cn
上海锦佳印刷有限公司印刷
开本 787×1092　1/16　印张 9.25
字数 220 千字
2017 年 8 月第 1 版　2025 年 3 月第11次印刷
ISBN 978－7－5478－3586－9/R・1401
定价：20.00 元

本书如有缺页、错装或坏损等严重质量问题,请向工厂联系调换

编委会名单

主　编

邵建华（上海中医药大学）　　韦相忠（广西中医药大学）

副主编

郭晓玉（河南中医药大学）　　杨林静（云南中医药大学）
钱天虹（安徽中医药大学）　　刘　慧（成都中医药大学）
叶　红（上海中医药大学）

编　委

王　勤（贵州中医药大学）　　王文龙（长春中医药大学）
王冬梅（黑龙江中医药大学）　王蕴华（天津中医药大学）
朱慧芬（云南中医药大学）　　邬家成（安徽中医药大学）
刘海英（辽宁中医药大学）　　张　莉（北京中医药大学）
张灵帅（河南中医药大学）　　陈继红（河南中医药大学）
林　蓉（上海中医药大学）　　俞　允（福建中医药大学）
莫嘉雯（广西中医药大学）　　高建平（甘肃中医药大学）
凌高宏（湖南中医药大学）　　彭春花（上海中医药大学）

学术秘书

林　蓉（上海中医药大学）

主　审

侯俊玲（北京中医药大学）

编写说明

本书是根据普通高等教育中医药类规划教材《物理学》教学大纲对物理实验的基本要求，参照全国各相关院校物理学实验教学改革，并结合中医药院校目前开设的物理学实验现状编写而成，由全国15所高等中医药院校长期从事物理学、物理学实验教学的教师共同参与。本书供高等中医药院校中医学、中西医结合、中药、药学等专业的学生使用。

本书注重反映物理学在中医药领域的最新应用成果，选取物理学与医药学结合比较突出的项目，以激发学生的学习兴趣，达到更好的学习效果。全书共精选了涉及基本测量、力学、流体力学、声学、电磁学、物理光学等内容的23个实验，每个实验都有明确的实验目的、实验器材、仪器描述、实验原理、实验步骤和注意事项等，要求学生完成实验后做相应的数据记录和处理，最后还附有思考题，加深学生对实验原理和操作的印象，培养学生的实践和创新能力。考虑到全国中医药院校实验仪器、实验方法存在差异的实际情况，同一个实验中尽可能介绍多种仪器和不同的方法，以便各院校自行选用。书末附有与物理学实验相关的常数表，以供参考。

本书在编写过程中得到了上海中医药大学、广西中医药大学等全国各高等中医药兄弟院校领导和同行的大力支持。各位编委在实验项目的选择、实验设计、实验编写等过程中尽心尽责、孜孜不倦，在此一并表示由衷的感谢。

由于水平有限，书中不足和纰漏之处在所难免，希望广大师生和读者提出宝贵意见，以便再版时更正。

《物理学实验指导》编委会
2017年5月

目 录

绪　　论 ··· 1

实　验　一　基本测量 ·· 11

实　验　二　刚体转动惯量的测定 ··· 20

实　验　三　液体黏滞系数的测定 ··· 25

实　验　四　液体表面张力系数的测量 ·· 31

实　验　五　模拟法测静电场分布 ··· 37

实　验　六　惠斯通电桥的原理和使用 ·· 42

实　验　七　电表改装和万用电表的使用 ······································· 46

实　验　八　数字存储示波器的原理和使用 ··································· 53

实　验　九　密立根油滴实验测电子电量 ······································· 60

实　验　十　旋光仪测量糖溶液的浓度 ·· 67

实验十一　分光计的使用 ··· 72

实验十二　迈克尔逊干涉仪 ·· 79

实验十三　阿贝折射仪测定物质折射率 ··· 84

实验十四　光电比色计测定溶液的浓度 ··· 89

实验十五　电位、电压的测定及基尔霍夫定律的验证 ···················· 92

实验十六　霍尔位置传感器测杨氏模量 …………………………………… 95

实验十七　简单的恒温自动控制电路 ……………………………………… 101

实验十八　光波波长的测定 ………………………………………………… 103

实验十九　多普勒效应测量声速 …………………………………………… 106

实验二十　小型制冷循环设备效率的测定 ………………………………… 110

实验二十一　霍尔效应及其应用 …………………………………………… 115

实验二十二　核磁共振 ……………………………………………………… 120

实验二十三　全息照相 ……………………………………………………… 127

附　录 ………………………………………………………………………… 134

绪　　论

物理学是研究物质运动最基本、最普遍规律的科学,也是现代医学的基础学科之一,它的理论和实验方法被广泛地应用于医学中,并且正在积极地推动着医学的发展。物理学又是一门实验科学,其规律的发现和理论的建立,都必须以严格的物理学实验为基础。因此,要掌握现代医学科学知识和技术,就必须具备一定的物理学理论知识、物理实验的方法和技能。在高等医学院校中,"物理学实验"是配合"物理学"而开设的相对独立的一门课程。本课程除了物理学实验所包含的一些基本内容之外,把侧重点放在与医学、生命科学联系较为密切的一些实验上。它与理论课相辅相成,既有联系,又相对独立。通过"物理学"课程的学习,使学生能获得在今后的实际工作和医学理论研究中所必需的物理学知识;而"物理学实验"所传授给学生的方法和技能,使他们能运用这些实验能力去解决医学实践中的一些问题,提高解决实际问题的能力,培养严谨的科学作风。

一、物理学实验的目的和主要环节

(一) 物理学实验的目的和任务

(1) 通过实验使学生直接观察物理现象,进一步分析和研究物理现象,探讨其产生的原因及规律,巩固和加深对物理现象及规律的认识。

(2) 通过实验使学生熟悉仪器的结构性能和操作方法,学习正确地使用仪器,学会对实验数据的科学处理,掌握物理实验的方法,提高实验技能。

(3) 通过实验培养学生严肃认真、细致谨慎、一丝不苟、实事求是的科学态度,以及克服困难、坚韧不拔的工作作风。

(二) 物理学实验的主要环节

为达到物理学实验课的目的,学生应重视物理学实验教学的三个重要环节。

(1) 实验预习:课前详细阅读实验教材,明确实验目的、原理和方法;并学会从中整理出主要实验条件、实验步骤及实验注意事项,根据实验要求设计记录数据的表格。充分的课前预习是实验能否取得成功的关键。

(2) 实验操作:了解和遵守实验室的规章制度,以一个科学工作者的标准要求自己,有条理地使用仪器,安全操作,细心观察实验现象,认真钻研和探索实验中的问题,在教师的指导下学习解决问题的方法,重点培养实验技能。

(三) 实验报告

实验后要认真细致地对实验数据作出整理和计算,对结果加以分析,在此基础上写出实验报告。其中数据处理过程包括计算、作图、误差分析等。实验报告是对实验的最终总结,要求包含以下几方面的内容:① 实验题目。② 实验目的。③ 实验器材。④ 简明的实验原理。⑤ 简要的实验步骤。⑥ 实验数据及其处理(所测量数据、实验结果的计算、误差的计算)。⑦ 记录实验时的环境条件,如室温、气压等。⑧ 讨论总结,回答相关问题。

二、测量误差及数据处理

物理学实验离不开物理量的测量。由于测量仪器、测量方法、测量条件、测量人员等因素的限制,测量结果不可能绝对准确。所以,需要对测量结果的误差范围作出估计,并能正确地表达实验结果。

本文主要介绍测量与误差的基本概念、误差的分类与估算、有效数字及其运算规则、常用的数据处理方法等方面的基本知识。这些知识不仅在每个实验中都要用到,而且是今后从事科学实验工作所必须了解和掌握的。

(一) 物理量的测量与误差

1. 测量及分类 在物理学实验过程中,不仅要对物理现象的变化过程进行定性观察,还要对一系列物理量进行定量的测定,从而探索物理量之间的关系,总结出它们的规律性,建立起定律和定理。从这个意义上来说,物理学实验首先碰到的就是测量问题。所谓测量就是将待测的物理量与选定的同类单位量相比较,所得的倍数就是该未知量的测量值。

测量分为直接测量与间接测量两种类型。直接测量是用仪器直接将待测量与选定的同类单位量进行比较,即直接在仪器上读出待测量的数值。例如,用米尺测量物体的长度、用秒表测量时间、用温度计测量温度等。间接测量是由几个直接测量出的物理量,通过已知的公式、定律进行计算从而求出待测量。例如,要测量圆柱体的体积,首先要测量其直径和高度,然后再用公式计算才能得出结果,大多数测量都属于这一类。

2. 测量的误差及分类 物理量在客观上存在着绝对准确的数值,称为真值。实际测量得到的结果称为测量值,由于测量仪器、实验条件以及观察者的感官和环境的限制等诸多因素的影响,测量不可能无限精确,因此测量值只是近似值,测量值 X 与客观存在的真值 X_0 之间总有一定的差值 $\Delta X = X - X_0$,这就是我们所说的测量的误差。讨论误差的来源,消除或减少测量的误差,是提高测量的准确程度而使测量结果更为可信的关键。

根据误差的性质和产生的原因,误差可分为三类:系统误差、偶然误差和粗大误差。

(1) 系统误差:是指在同一条件(指方法、仪器、环境、人员)下多次测量同一物理量时,结果总是向一个方向偏离,其数值一定或按一定规律变化。系统误差的特征是具有一定的规律性,其来源有以下几个方面。

1) 仪器误差:它是由于仪器本身的缺陷或没有按规定条件使用仪器而造成的误差。如螺旋测微器的零点不准,天平不等臂等。

2) 理论误差:它是由于测量所依据的理论公式本身的近似性,或实验条件不能达到理论公式所规定的要求,或测量方法不当等所引起的误差。如实验中忽略了摩擦、散热、电表的内阻等。

3) 个人误差:它是由于观测者本人生理或心理特点造成的误差。如有人用秒表测时间时,总是使之过快。

4) 环境误差:它是由于外界环境性质(如光照、温度、湿度、电磁场等)的影响而产生的误差。如环境温度升高或降低,使测量值按一定规律变化。

产生系统误差的原因通常是可以被发现的,原则上可以通过修正、改进加以排除或减小。分析、排除和修正系统误差,要求测量者有丰富的实践经验,这方面的知识和技能在我们以后的实验中会逐步地学习,并要求很好地掌握。

(2) 偶然误差:是指相同测量条件下,多次测量同一物理量时,误差的绝对值和符号的变化,时大时小、时正时负,以不可预定方式变化着的误差。

引起偶然误差的原因也很多,与仪器精密度和观察者感官灵敏度有关,如无规则的温度变化、气压的起伏、电磁场的干扰、电源电压的波动等。这些因素不可控制又无法预测和消除。

当测量次数很多时,偶然误差就显示出明显的规律性。实践和理论都已证明,偶然误差服从一定的统计规律(正态分布),其特点表现如下。① 单峰性:绝对值小的误差出现的概率比绝对值大的误差出现的概率大。② 对称性:绝对值相等的正负误差出现的概率相同。③ 有界性:绝对值很大的误差出现的概率趋于零。④ 抵偿性:误差的算术平均值随着测量次数的增加而趋于零。因此,增加测量次数可以减小偶然误差,但不能完全消除。

(3) 粗大误差:是指由于测量者过失,如实验方法不合理、用错仪器、操作不当、读错数值或记错数据等引起的误差,是一种人为的过失误差,不属于测量误差。只要测量者采取严肃认真的态度,过失误差是可以避免的。在数据处理中要把含有粗大误差的异常数据加以剔除。

3. 测量结果的表示

(1) 测量结果的最佳值(近真值)

1) 算术平均值:对某一物理量在相同条件下进行 k 次测量,各次结果分别为 X_1、X_2、X_3,…X_k,则它们的算术平均值为

$$\overline{X} = \frac{X_1 + X_2 + X_3 + \cdots + X_k}{k} = \sum_{i=1}^{k} \frac{X_i}{k}$$

根据偶然误差的抵偿性,随着测量次数的无限增加,偶然误差的算术平均值趋近于零,那么此测量值的算术平均值也将趋近于真值。这个算术平均值可认为是被测物理量的最佳值或近真值。为了减小偶然误差,在可能的情况下,总是采用多次测量,并将其算术平均值作为被测量物理量的真值。

2) 公认值(或理论值):我们还经常遇到一些被测量已经有公认值(或理论值)。这时,可用公认值(或理论值)作为真值。

3) 单次测量值:在实验中,由于条件限制使测量不能重复,或者对测量准确度要求不高等原因,而对一个物理量只进行一次直接测量,这时就以这一次测量值作为近真值。

(2) 绝对误差和相对误差:测量值与真值之差 $\Delta X = |X - \overline{X}|$ 是以误差的绝对值来表示测量的误差,它反映测量值偏离真值的大小,具有与测量值相同的单位,通常称之为绝对误差。在本文中介绍的算术平均误差、标准误差都是指绝对误差。

绝对误差与真值的比值定义为相对误差,相对误差通常用百分率来表示,记做 E,即

$$E = \frac{\Delta X}{\overline{X}} \times 100\%$$

(3) 测量结果的表示:通常把测量结果表示为以下形式。

$$X = \overline{X} \pm \Delta X$$

$$E = \frac{\overline{\Delta X}}{\overline{X}} \times 100\%$$

这样测量的结果及测量误差就完整地给出了。

4. 测量误差(绝对误差)的处理方法

(1) 直接测量值的误差：常用以下几种方法表示。

1) 算术平均误差(平均绝对误差)：各次测量值 X_i 与算术平均值 $\overline{X}$ 的差值的绝对值 $\Delta X_i = |X_i - \overline{X}|$，反映了各次测量的误差，又称为绝对误差。各次测量的绝对误差的平均值定义为算术平均误差，即

$$\overline{\Delta X} = \frac{\Delta X_1 + \Delta X_2 + \Delta X_3 + \cdots + \Delta X_k}{k} = \sum_{i=1}^{k} \frac{\Delta X_i}{k}$$

因为它是以误差的平均值表示测量值的绝对误差，故 $\overline{\Delta X}$ 又称为平均绝对误差，它表明被测量物理量的平均值的误差范围。也就是说，被测量物理量的值的大部分在 $\overline{X} + \overline{\Delta X}$ 和 $\overline{X} - \overline{\Delta X}$ 之间，因而测量结果应表示为 $X = \overline{X} \pm \overline{\Delta X}$。

2) 标准误差：求各次测量值 X_i 与算术平均值 $\overline{X}$ 的差，再取其平方的平均值，然后开方，称为标准误差，记作 σ，即

$$\sigma = \sqrt{\sum_{i=1}^{k} \frac{(X_i - \overline{X})^2}{k}} = \sqrt{\sum_{i=1}^{k} \frac{(\Delta X_i)^2}{k}}$$

标准误差在正式的误差分析和计算中，常作为偶然误差大小的量度。被测物理量的结果可表示为 $X = \overline{X} \pm \sigma$。

对只进行一次直接测量的物理量，其误差可根据实际情况进行合理的估算。通常，可按仪器上标明的仪器误差作为单次测量的误差。如果没有注明，可取仪器最小刻度的一半作为单次测量的绝对误差。

当被测量值已经有公认值(或理论值)时，绝对误差就取我们所得到的测量值与公认值(或理论值)之差的平均绝对值。

(2) 间接测量值的误差：在物理学实验中大多数测量是间接测量。被测量值是由多个直接测量值通过一定的函数计算得出的结果。例如，要测一个均匀小球的密度 ρ。先用游标卡尺测出它的直径 d，利用体积公式算出其体积 $V = \frac{\pi}{6} d^3$，再用托盘天平测出它的质量 m，根据密度公式求得其密度 $\rho = \frac{6m}{\pi d^3}$。直接测量值 d、m 的误差必然对间接测量值 ρ 的误差有所影响，这一问题可应用误差传递公式来进行处理。

设 A、B 为直接测量值，其测量值可表示为 $A = \overline{A} \pm \overline{\Delta A}$，$B = \overline{B} \pm \overline{\Delta B}$。$X$ 为间接测量值，$X = f(A, B)$。那么，间接测量误差结果的表示如下。

1) 和的误差

若
$$X = A + B$$

则 $\overline{X} \pm \overline{\Delta X} = (\overline{A} \pm \overline{\Delta A}) + (\overline{B} \pm \overline{\Delta B}) = (\overline{A} + \overline{B}) \pm (\overline{\Delta A} + \overline{\Delta B})$

于是得

算术平均值为 $\overline{X} = \overline{A} + \overline{B}$

平均绝对误差为 $\overline{\Delta X} = \overline{\Delta A} + \overline{\Delta B}$

相对误差为 $\dfrac{\overline{\Delta X}}{\overline{X}} = \dfrac{\overline{\Delta A} + \overline{\Delta B}}{\overline{A} + \overline{B}}$

2) 差的误差

若 $X = A - B$

则 $\overline{X} \pm \overline{\Delta X} = (\overline{A} \pm \overline{\Delta A}) - (\overline{B} \pm \overline{\Delta B}) = (\overline{A} - \overline{B}) \pm (\overline{\Delta A} + \overline{\Delta B})$

于是得

算术平均值为 $\overline{X} = \overline{A} - \overline{B}$

平均绝对误差为 $\overline{\Delta X} = \overline{\Delta A} + \overline{\Delta B}$

相对误差为 $\dfrac{\overline{\Delta X}}{\overline{X}} = \dfrac{\overline{\Delta A} + \overline{\Delta B}}{\overline{A} - \overline{B}}$

考虑到可能产生的最大误差,和差运算中的平均绝对误差等于各直接测量值的平均绝对误差之和。

3) 积的误差

若 $X = A \cdot B$

则 $\overline{X} \pm \overline{\Delta X} = (\overline{A} \pm \overline{\Delta A}) \cdot (\overline{B} \pm \overline{\Delta B}) = \overline{A} \cdot \overline{B} \pm \overline{B} \cdot \overline{\Delta A} \pm \overline{A} \cdot \overline{\Delta B} \pm \overline{\Delta A} \cdot \overline{\Delta B}$

于是得

算术平均值为 $\overline{X} = \overline{A} \cdot \overline{B}$

略去带有因子 $\overline{\Delta A} \cdot \overline{\Delta B}$ 的项(因其值较小),考虑到可能产生的最大误差,则平均绝对误差为

$$\overline{\Delta X} = \overline{B} \cdot \overline{\Delta A} + \overline{A} \cdot \overline{\Delta B}$$

相对误差为 $\dfrac{\overline{\Delta X}}{\overline{X}} = \dfrac{\overline{\Delta A}}{\overline{A}} + \dfrac{\overline{\Delta B}}{\overline{B}}$

4) 商的误差

若 $X = \dfrac{A}{B}$

则

$$\overline{X} \pm \overline{\Delta X} = \dfrac{\overline{A} \pm \overline{\Delta A}}{\overline{B} \pm \overline{\Delta B}} = \dfrac{(\overline{A} \pm \overline{\Delta A})(\overline{B} \mp \overline{\Delta B})}{(\overline{B} \pm \overline{\Delta B})(\overline{B} \mp \overline{\Delta B})} = \dfrac{\overline{A} \cdot \overline{B} \pm \overline{B} \cdot \overline{\Delta A} \mp \overline{A} \cdot \overline{\Delta B} - \overline{\Delta A} \cdot \overline{\Delta B}}{\overline{B}^2 - \overline{\Delta B}^2}$$

略去带有因子 $\overline{\Delta A} \cdot \overline{\Delta B}$ 和 $\overline{\Delta B}^2$ 的项，考虑到可能产生的最大误差，则算术平均值为 $\overline{X} = \dfrac{\overline{A}}{\overline{B}}$

平均绝对误差为
$$\overline{\Delta X} = \dfrac{\overline{B} \cdot \overline{\Delta A} + \overline{A} \cdot \overline{\Delta B}}{\overline{B}^2}$$

相对误差为
$$\dfrac{\overline{\Delta X}}{\overline{X}} = \dfrac{\overline{\Delta A}}{\overline{A}} + \dfrac{\overline{\Delta B}}{\overline{B}}$$

由此可见，乘除运算的相对误差等于各直接测量值的相对误差之和。

5）次方与根的误差：由乘除法的相对误差公式，可以证明

若 $X = A^n$，则 $\dfrac{\overline{\Delta X}}{\overline{X}} = n \cdot \dfrac{\overline{\Delta A}}{\overline{A}}$

若 $X = A^{\frac{1}{n}}$，则 $\dfrac{\overline{\Delta X}}{\overline{X}} = \dfrac{1}{n} \cdot \dfrac{\overline{\Delta A}}{\overline{A}}$

上述各种运算，可推广到有任意个直接测量值的情况。从以上结论可看到，当间接测量值的计算式中只含加减运算时，先计算绝对误差、后计算相对误差比较方便；当计算式中含有乘、除、乘方或开方运算时，先计算相对误差、后计算绝对误差较为方便。

其他函数的误差传递公式，我们不一一证明，将常用公式列于绪表-1中，以备查阅。

绪表-1 常用误差计算公式

函数表达式	绝对误差 $\overline{\Delta N}$	相对误差 $\overline{\Delta N}/\overline{N}$
$N = A + B$	$\overline{\Delta A} + \overline{\Delta B}$	$(\overline{\Delta A} + \overline{\Delta B})/(\overline{A} + \overline{B})$
$N = A - B$	$\overline{\Delta A} + \overline{\Delta B}$	$(\overline{\Delta A} + \overline{\Delta B})/(\overline{A} - \overline{B})$
$N = A \cdot B$	$\overline{B} \cdot \overline{\Delta A} + \overline{A} \cdot \overline{\Delta B}$	$\overline{\Delta A}/\overline{A} + \overline{\Delta B}/\overline{B}$
$N = A/B$	$(\overline{B} \cdot \overline{\Delta A} + \overline{A} \cdot \overline{\Delta B})/\overline{B}^2$	$\overline{\Delta A}/\overline{A} + \overline{\Delta B}/\overline{B}$
$N = A^n$	$n \overline{A}^{n-1} \cdot \overline{\Delta A}$	$n \cdot \overline{\Delta A}/\overline{A}$
$N = A^{\frac{1}{n}}$	$\dfrac{1}{n} \overline{A}^{\frac{1}{n}-1} \cdot \overline{\Delta A}$	$\dfrac{1}{n} \cdot \overline{\Delta A}/\overline{A}$
$N = \sin A$	$(\cos \overline{A}) \cdot \overline{\Delta A}$	$(\operatorname{ctg} \overline{A}) \cdot \overline{\Delta A}$
$N = \cos A$	$(\sin \overline{A}) \cdot \overline{\Delta A}$	$(\operatorname{tg} \overline{A}) \cdot \overline{\Delta A}$
$N = \operatorname{tg} A$	$\overline{\Delta A}/\cos^2 \overline{A}$	$2\overline{\Delta A}/\sin 2\overline{A}$
$N = \operatorname{ctg} A$	$\overline{\Delta A}/\sin^2 \overline{A}$	$2\overline{\Delta A}/\sin 2\overline{A}$
$N = kA$（k 为常数）	$k \cdot \overline{\Delta A}$	$\overline{\Delta A}/\overline{A}$

（二）有效数字及其运算法则

物理量的测量值都有误差，即这些测量值都是一些近似数，因此它们与数学中的数应该有不同的意义和处理方法，必须采用有效数字及其运算规则。

1. 测量仪器的精密度 仪器的精密度(又称精度)是指在正确使用测量仪器时,所能测得的最小的准确值,它一般由仪器的分度(仪器所标示的最小分划单位)决定。例如,米尺的最小分格是 1 mm,其精密度就是 1 mm。有的仪器有特殊标记,如某一天平的感量是 0.01 g,其精密度也就是 0.01 g,此时就不能用最小分格来代表精密度。电子仪表的精密度是以级数标记的,如某电表是 2.5 级,表示测量误差为 2.5%。级数越小,精密度就越高。

2. 有效数字的概念 测量中所得的数据包括两部分:一部分是从仪器的刻度上准确地读出来的,称准确数字;另一部分是从仪器的最小刻度以下估读出来的,称可疑数字。准确数字和可疑数字合称有效数字。例如,我们用米尺测得圆柱体的高为 3.26 cm,前两位 3.2 是从米尺上整分度数读取的,因而是准确数字,而第三位数 6 是估读出的,是可疑数字。用有效数字记录测量值,不但反映了测量值的大小,而且反映了测量的准确程度。对同一事物的测量,仪器的精密度越高则测量值的有效数字的位数就越多。关于有效数字还应注意以下几点。

(1) 有效数字的位数与单位换算无关:进行单位换算不能改变有效数字的位数。例如,5 m ≠ 500 cm,否则改变了测量的精确程度。正确的写法应是用科学记数法表示成 5 m = 5×10^2 cm,都保持 1 位有效数字。

(2) 有效数字与"0"的关系:数字前面的"0"不算有效数字。例如,两组数 263.8 cm 和 0.002 638 km,它们的精确度都一样,显然数字前面的"0"并不影响测量结果的精确度,这两组数都是 4 位有效数字;数字后面的"0"为有效数字。例如,266.8 cm 和 266.800 cm,从数字上看,它们是相等的量,但是在测量上的意义却完全不同,它们有不同的精确度。所以数字后面的"0"不能随意增加或删去。

(3) 有效数字舍入法则:为了使入的概率等于舍的概率,现在通用的做法是"4 舍 6 入 5 凑偶"。尾数小于 5 则舍,大于 5 则入,等于 5 则凑成偶数。例如,1.635 取三位有效数字为 1.64,12.605 取 4 位有效数字为 12.60,6.036 取 2 位有效数字为 6.0,0.076 取 1 位有效数字为 0.08。

3. 有效数字的运算法则

总的原则:准确数字与准确数字进行四则运算时,其结果仍为准确数字;准确数字与可疑数字以及可疑数字与可疑数字进行四则运算时,其结果均为可疑数字;在最后的结果中只保留一位可疑数字,其后多余的可疑数字是无意义的,应按有效数字舍入法则截去。

从有效数字运算的总原则出发,可以得到以下一些具体的有效数字运算的具体规则。

(1) 加、减运算:和或差的小数点后位数与参与运算的各数据项中小数点后位数最少的相同。在以下的举例运算中,我们在可疑数字下面加一横线,以便和准确数字相区别。

例 1:$31.\underline{1} + 5.29\underline{6} = 36.3\underline{96} = 36.4$

例 2:$152.\underline{4} - 131.75\underline{6} = 20.\underline{644} = 20.6$

(2) 乘、除运算:积或商的有效数字位数与参与运算的各数中有效数字位数最少的那个数相同。

例 1:$2.41\underline{6} \times 1.\underline{5} = 3.\underline{624} = 3.6$

例 2:$48.83 \div 1.23 = 39.7$

(3) 乘方、开方运算:结果的有效数字一般取与底数的有效数字位数相同。

例 1:$\sqrt{258.\underline{6}} = 16.0\underline{8}$

例 2:$(5.1\underline{2})^2 = 26.\underline{2}$

(4) 三角函数运算：结果的有效数字位数与角度的有效数字位数相同。

例1：$\cos 65.7° = 0.41\underline{2}$

(5) 对数运算：结果的有效数字位数与真数的有效数字位数相同。

例1：$\lg 20.5\underline{6} = 1.31\underline{3}$

(6) 其他：自然数或常数 π、e、$\sqrt{5}$、$\dfrac{1}{7}$ 等，这些数不是测量值，其有效数字可以取任意多位，但一般仅比测量值多取一位有效数字参与运算。

下面我们举例说明，如何根据有效数字运算法则进行误差计算。

若用米尺分别对圆柱体的高和直径做三次测量，结果如下：$h_1=20.1$ mm，$h_2=20.4$ mm，$h_3=20.5$ mm，$D_1=5.1$ mm，$D_2=5.3$ mm，$D_3=5.3$ mm，求圆柱体的高、直径和体积测量结果的平均值、平均绝对误差、相对误差并做出结果表示。

解：直接测量值 h、D 的平均值为

$$\bar{h} = \frac{1}{3} \times (20.1 + 20.4 + 20.5) = 20.3 \text{ mm}$$

$$\bar{D} = \frac{1}{3} \times (5.1 + 5.3 + 5.3) = 5.2 \text{ mm}$$

平均绝对误差为

$$\overline{\Delta h} = \frac{1}{3} \times (|20.1-20.3|+|20.4-20.3|+|20.5-20.3|) = 0.2 \text{ mm}$$

$$\overline{\Delta D} = \frac{1}{3} \times (|5.1-5.2|+|5.3-5.2|+|5.3-5.2|) = 0.1 \text{ mm}$$

相对误差为

$$\frac{\overline{\Delta h}}{\bar{h}} = \frac{0.2}{20.3} = 1\% \qquad \frac{\overline{\Delta D}}{\bar{D}} = \frac{0.1}{5.2} = 2\%$$

结果表示为

$$h = \bar{h} \pm \overline{\Delta h} = (20.3 \pm 0.2) \text{mm} \qquad D = \bar{D} \pm \overline{\Delta D} = (5.2 \pm 0.1) \text{mm}$$
$$E = 1\% \qquad\qquad\qquad\qquad\qquad E = 2\%$$

间接测量值 V 的平均值为

$$\bar{V} = \frac{1}{4}\pi \bar{D}^2 \bar{h} = \frac{1}{4} \times 3.14 \times 5.2^2 \times 20.3 = 4.3 \times 10^2 \text{ mm}^3$$

相对误差为

$$\frac{\overline{\Delta V}}{\bar{V}} = 2\frac{\overline{\Delta D}}{\bar{D}} + \frac{\overline{\Delta h}}{\bar{h}} = 2 \times 2\% + 1\% = 5\%$$

平均绝对误差为

$$\overline{\Delta V} = \overline{V} \times \frac{\overline{\Delta V}}{\overline{V}} = 4.3 \times 10^2 \times 5\% = 0.2 \times 10^2 \text{ mm}^3$$

结果表示为

$$V = \overline{V} \pm \overline{\Delta V} = (4.3 \pm 0.2) \times 10^2 \text{ mm}^3$$
$$E = 5\%$$

(三) 实验数据的处理方法

1. 列表法 对于实验所得的测量数据,画出表格进行记录,这种方法不仅把物理量之间的对应关系表示得清楚明了,而且可随时检查测量数据是否合理,便于及时发现和纠正错误,提高处理数据的效率。

设计记录表格要合理,表中每行(或每列)之首位应标明其物理量和所用单位,然后将测量数据分类填入表格中。若为间接测量,还应列出计算公式。此外,实验时间、环境温度、气压等也可记录于表格之首,以便参考。

2. 图示法 在许多情况下,实验所得数据是表示一个物理量(因变量)随另一个物理量(自变量)而改变的关系。这些对应关系的变化情况,通常用图表法将它们以曲线的形式描绘出来。但要正确描绘出一条实验曲线,必须注意以下几点。

(1) 一般以横轴表示自变量,纵轴表示因变量。在坐标轴的末端还应表明所示物理量的名称、单位,在图的下方标出图名。

(2) 根据测量数据的范围选定坐标分度,应尽量使曲线占据图纸大部分或全部。为了调整曲线的大小和位置,在某些情况下,横轴和纵轴的标度可以不同,两轴交点的标度也不一定从零开始。轴上的标度应隔一定间距用整数标出,以便寻找和计算。

(3) 用符号将实验所取得的数据点在图中标出。如果在同一图上做几条曲线,则每条曲线的数据点须用不同符号(如"×"" * "等)分别标出,以避免混淆。

(4) 把标出的各数据点连接起来绘出平滑曲线。由于实验过程中不可避免地会产生误差,因此不可能将每一个点都包括在曲线上,允许有一定的偏离。但绘图时要尽量使偏离曲线两侧的点数差不多相等,以使曲线上每个点都接近于所要求的平均值。

3. 线性拟合法 当需要从实验数据出发列出经验方程时,最常用的方法是用最小二乘法经线性拟合(或称最小二乘法线性回归)求得回归方程。下面对这种方法做一个简单的介绍。

先假定所研究的两个物理量 x 和 y 之间存在着线性相关关系

$$y = a + bx \tag{绪-1}$$

称为回归方程。

现有测得的数据组为 $(x_i, y_i)(i=1, 2, \cdots n)$,问题是如何测定系数 a、b 使其符合给定的拟合优劣准则,使下式为最小

$$\sum_{i=1}^{n} [y_i - (a + bx_i)]^2 \tag{绪-2}$$

令 $f(a, b) = \sum_{i=1}^{n} [y_i - (a + bx_i)]^2$,由数学知识可知,上面的问题为求以 a、b 为自变量的二

元正值函数 $f(a,b)$ 的最小值问题。将式(绪-2)分别对 a、b 求偏导数,并令其为0,解得

$$b = \frac{x_0 y_0 - (xy)_0}{x_0^2 \ (x^2)_0}$$

$$a = y_0 - b x_0$$

当 a、b 取上述值时,就可使 $f(a,b)$ 为最小,其中

$$x_0 = \frac{1}{n}\sum_{i=1}^{n} x_i, \ y_0 = \frac{1}{n}\sum_{i=1}^{n} y_i$$

$$(xy)_0 = \frac{1}{n}\sum_{i=1}^{n} x_i y_i, \ (x^2)_0 = \frac{1}{n}\sum_{i=1}^{n} x_i^2$$

将所求得的 a、b 代回式(绪-1),便得到了所需的回归方程。

[习题]

(1) 产生测量误差的主要原因是什么?如何才能减少测量的误差?

(2) 用分度值为 0.01 mm 的游标卡尺测一长约 2 mm 的物体,问此游标卡尺的精密度是多少?测量结果应为几位有效数字?若改用分度值为 1 mm 的米尺去测量,其精密度为多少?可以读出几位有效数字?

(3) 尾数的舍入法则与"四舍五入"法有何不同?

(4) 用游标卡尺测量钢珠的直径(单位:mm),数据分别为:12.28,12.27,12.26,12.29,12.28,求:① 钢珠直径的标准误差、平均绝对误差、相对误差,并写出结果表达式;② 钢珠体积的平均值、相对误差、平均绝对误差,并写出钢珠体积的结果表达式。

(5) 0℃时空气中声速为 (331.63 ± 0.04) m/s,试求其绝对误差和相对误差。

(6) 说明下列各数有效数字的位数。

0.005 400	1.28	8 100	3.007 4
0.018	5.310×10^{-2}	7.347×10^5	5.8×10^8

(7) 用有效数字运算法则计算下列各式。

① $57.82 + 0.711 - 13.3 =$ 　　② $35.85 \times 0.653 =$

③ $5.476 \times 10^4 \div 3\,000 =$　　④ $7.493 \times 10^{-5} - 3.7 \times 10^{-6} =$

实验一 基本测量

一、游标卡尺和螺旋测微计

[**实验目的**]

(1) 掌握游标卡尺和螺旋测微计的读数原理。
(2) 掌握游标卡尺和螺旋测微计的使用方法。
(3) 运用已掌握的误差理论和有效数字的运算法则完成实验数据的处理,分析产生误差的原因。

[**实验器材**]

游标卡尺、螺旋测微计、待测物体。

[**仪器描述**]

长度是基本物理量。测量仪器大多是按照一定的长度来划分的,如用各种温度计测量温度,就是确定水银柱在温度标尺上的位置;测量电流或电压的各种仪表,就是确定指针在电流表或电压表标尺上的位置。总之,科学实验中的测量大多数可归结为长度测量。长度测量是一切测量的基础,是最基本的测量之一。

常用的测量长度的量具有米尺、游标卡尺、螺旋测微计和读数显微镜等。它们的测量范围和测量精度各不相同,学习使用时,应注意掌握它们的构造特点、规则性能、读数原理、使用方法以及维护知识等,以便在实际测量中根据具体情况进行合理的选择使用。

[**实验原理**]

1. 游标卡尺 简称卡尺,它可以用来测量物体的长、宽、高和深以及圆环的内、外直径。测量的长度可精确到 0.01 mm、0.02 mm、0.05 mm。本实验以 0.02 mm 为例,介绍游标卡尺的基本结构、测量精度的确定、使用方法和注意事项。

游标卡尺的构造如图 1-1 所示,由两大部分组成,一部分为测量单位为厘米的主尺 1;另一部分为测量单位为毫米的游标尺 4。

量爪 2、3 用来测量物体的厚度和外径;量爪 2'、3' 用来测量内径;尾尺 6 用来测量物体孔深或槽深。固定游标螺旋 5 用于固定游标位置从而使测量值不变。

许多测量仪器上都采用游标装置,有 10 分度、20 分度、50 分度等。有的游标刻在直尺上,也有的刻在圆盘上(如旋光仪、分光仪等),它们的原理和读数方法都是一样的。一般来说游标卡尺的精度可用下式计算:

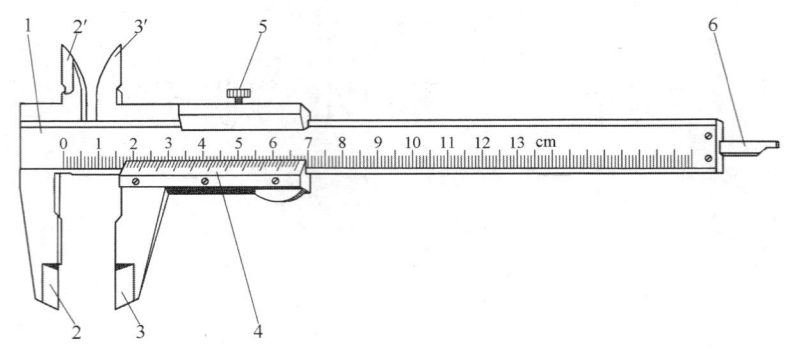

图 1-1 游标卡尺的外形与构造
1. 主尺　2、3、2′、3′. 量爪　4. 游标尺　5. 固定游标螺旋　6. 尾尺

$$游标卡尺的精度(i) = \frac{主尺上一个最小分度的长度}{游标尺上的总分格数}$$

例如,游标卡尺的主尺上一个最小分度的长度为 1 mm,游标尺上共有 50 个最小分度,则该游标卡尺的精度为

$$i = \frac{1 \text{ mm}}{50} = 0.02 \text{ mm}$$

精度 0.02 表示游标尺上一个最小分格比主尺上一个最小分格长度小 0.02 mm。

游标卡尺的读数包括主尺读数(L)和游标读数(ΔL)。如图 1-2 所示,在测量物体的总长度时,把物体夹在量爪之间,进行测量。

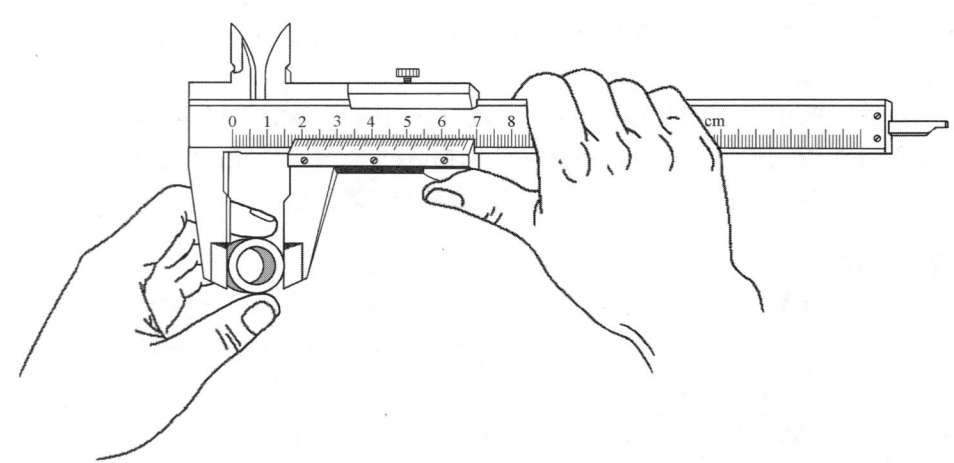

图 1-2 游标卡尺的使用

具体读数方法分为两步进行:

(1) 主尺读数(L):读出主尺上最靠近游标尺"0"刻线的整数部分。

(2) 游标读数(ΔL):找出游标尺上"0"刻线右边第几条刻线和主尺的刻线对得最齐,将该条刻线的序号乘以游标卡尺的精度。

如图 1-3 所示,游标卡尺的精度是 0.02 mm,主尺上最靠近游标"0"线的刻度在 33.00 mm 和 34.00 mm 之间,主尺读数为 $L=33.00$ mm;游标尺上"0"线右边第 23 条刻线和主尺的刻线对得最齐,游标部分的读数 $\Delta L=23\times 0.02=0.46$ mm。被测物体长度为

$$L+\Delta L=33.00+0.02\times 23=33.46(\text{mm})$$

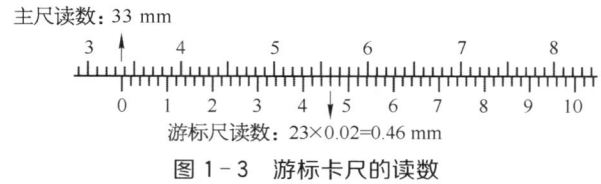

图 1-3 游标卡尺的读数

2. 螺旋测微计 也称千分尺,是一种更精密的测量工具。较为常见的一种如图 1-4 所示,精度是 0.01 mm,量程为 0～25 mm。

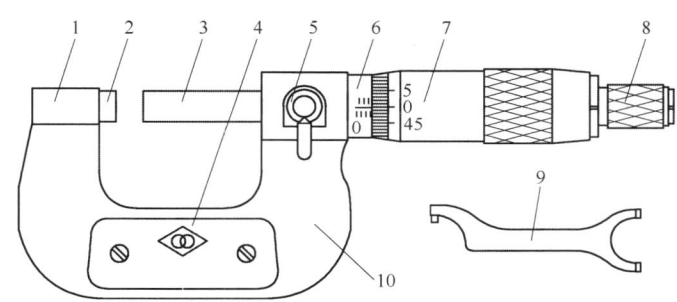

图 1-4 螺旋测微计的外形与构造

1. 尺架 2. 测砧 3. 测微螺杆 4. 隔热装置 5. 锁紧装置 6. 固定套筒
7. 微分筒 8. 测力装置 9. 扳子 10. 曲柄

其构造主要分为两部分:一部分是曲柄和固定套筒互相牢固地连在一起;另一部分是微分筒和测微螺杆牢固地连在一起。因为在固定套筒里刻有阴螺纹,测微螺杆的外面刻有阳螺纹,所以后一组可以相对前一组转动。转动时测微螺杆就向左或右移动,曲柄附在测砧和固定套筒上。微分筒后端附有测力装置(保护棘轮)。当固定手柄锁紧装置后,固定套筒和微分筒的位置就固定不变。

固定套筒上有一个毫米刻度尺,即主尺,它的每个刻度都是 0.5 mm。在微分筒上刻有 50 等分的刻度,称为副尺(需要估读)。当微分筒转一圈时,测微螺杆就前进或后退 0.5 mm,因此微分筒每转一个刻度,测微螺杆就前进或后退 $\dfrac{0.5}{50}=0.01$ mm,这个数值就是螺旋测微计的精度。

若微分筒零刻度线与固定套筒尺上的横线对齐,这就是零位。如图 1-5(a)所示。当微分筒每向后旋转一周时,测微螺杆就离开测砧 0.5 mm,固定套筒就露出 0.5 mm 的刻度线。所以根据微分筒所在的位置可以从主尺上读出 0.5 mm 整数倍的读数,不足 0.5 mm 的小数部分从副尺上读出。

如图 1-5(b)所示,在主尺上的读数超过 5 mm 不到 5.5 mm,主尺横线所对微分筒的刻度已经超过 38 个刻度,在 38 到 39 刻度之间,估读为 38.5,因此物体的长度为

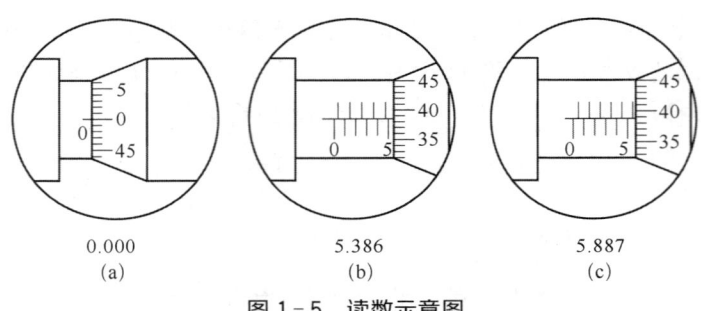

$$L = 5 \text{ mm} + 38.6 \times 0.01 \text{ mm} = 5.385 \text{ mm}$$

图 1-5 读数示意图

结果中最后一位数 5 是估读的。

在图 1-5(c)所示中,在固定套筒的主尺上的读数超过 5.5 mm 不到 6 mm;微分筒边缘上的刻度为 38 格多,还没到 39 格,多出的部分约为一个格的十分之七,所以估读为 38.7,读数应为

$$L = 5.5 \text{ mm} + 38.7 \times 0.01 \text{ mm} = 5.887 \text{ mm}$$

最后一位数字 7 是估读的。在这里请特别注意上面读数的区别。

[实验步骤]

1. 游标卡尺的使用

(1) 先把游标卡尺归零。右手握主尺,用拇指推动游标尺上的小轮,使游标尺向右移动到某一位置,固定游标螺丝固定后读出长度值。在掌握方法后开始测量。

(2) 用游标卡尺测圆筒的内径、外径、深度和高度。注意要取不同位置反复测 3 次,完成表 1-1,并求圆筒内的容积。

2. 螺旋测微计的使用

(1) 掌握螺旋测微计的注意事项,熟悉使用方法和读数方法后,再开始测量。

(2) 记下零点读数,测量小钢球和金属丝的直径各 3 次,完成表格 1-2,并求钢球的体积和金属丝的截面积。

[数据记录与处理]

1. 游标卡尺的使用

表 1-1　游标卡尺测量圆筒　　　　　　　　　分度值:_____mm

项目\要求	次数	测量值 (mm)	平均值 (mm)	绝对误差 (mm)	平均绝对误差 (mm)	测量结果 (mm)
内径 d	1					
	2					
	3					
外径 D	1					
	2					
	3					

续表

项目 \ 要求	次数	测量值 (mm)	平均值 (mm)	绝对误差 (mm)	平均绝对误差 (mm)	测量结果 (mm)
深度 h	1					
	2					
	3					
高度 H	1					
	2					
	3					

圆筒内的容积　　　　　　　$\overline{V}_1 = \dfrac{1}{4}\pi \overline{d}^2 \overline{h} =$

相对误差　　　　　　　$\dfrac{\overline{\Delta V_1}}{\overline{V}_1} \times 100\% = \left(2\dfrac{\overline{\Delta d}}{\overline{d}} + \dfrac{\overline{\Delta h}}{\overline{h}}\right) \times 100\% =$

绝对误差　　　　　　　$\overline{\Delta V_1} = \overline{V}_1 \times \dfrac{\overline{\Delta V_1}}{\overline{V}_1} =$

测量结果　　　　　　　$\overline{V}_1 \pm \overline{\Delta V_1} =$

2. 螺旋测微计的使用

表 1-2　螺旋测微计测量直径　　　　　　　分度值：_____ mm

零点读数	$\Delta d =$	mm					
项目 \ 要求	次数	读数 (mm)	测量值 (mm)	平均值 (mm)	绝对误差 (mm)	平均绝对误差 (mm)	测量结果 (mm)
钢球直径 D	1						
	2						
	3						
金属丝直径 d	1						
	2						
	3						

(1) 钢球的体积　　　　　　　$\overline{V}_2 = \dfrac{1}{6}\pi \overline{D}^3 =$

相对误差　　　　　　　$\dfrac{\overline{\Delta V_2}}{\overline{V}_2} \times 100\% = 3\dfrac{\overline{\Delta D}}{\overline{D}} \times 100\% =$

绝对误差　　　　　　　$\overline{\Delta V_2} = \overline{V}_2 \times \dfrac{\overline{\Delta V_2}}{\overline{V}_2} =$

测量结果　　　　　　　$\overline{V}_2 \pm \overline{\Delta V_2} =$

(2) 金属丝的截面积 $\overline{S} = \dfrac{1}{4}\pi \overline{d}^2 =$

相对误差 $\dfrac{\overline{\Delta S}}{\overline{S}} \times 100\% = 2\dfrac{\overline{\Delta d}}{\overline{d}} \times 100\% =$

绝对误差 $\overline{\Delta S} = \overline{S} \times \dfrac{\overline{\Delta S}}{\overline{S}} =$

测量结果 $\overline{S} \pm \overline{\Delta S} =$

[注意事项]

1. 游标卡尺

(1) 不要测量运动和过热的物体。

(2) 推游标卡尺时,不要用力过大。用左手拿被测物体,右手拿卡尺,用右手拇指轻推游标卡尺。使用量爪时,不要夹得过紧和在量爪处来回擦动,以免损坏刀口。

(3) 读数时要将固定游标螺钉固定,不用时松开。

(4) 用完后,必须擦净,上油防腐放回盒内,切勿受潮。

(5) 卡尺存放应避开磁体、热源和腐蚀性环境。

2. 螺旋测微计

(1) 测量时手要握住隔热装置,不要接触尺架,以免影响测量精度。

(2) 在测微螺杆接触被测物或测砧时,不能一直转微分筒,需要改旋保护棘轮,当听到"咔"的声音时,就不要旋转保护棘轮了。这样可以保证测微螺杆以适当压力加在被测物和测砧上。

(3) 测量时,不足微分筒一格需估读。

(4) 测量前要调零,记录零点读数。实际长度等于螺旋测微计的读数与零点读数之差。

(5) 用完后,测微螺杆和测砧间要保留一定缝隙,防止热膨胀时损坏螺纹。擦净后放入仪器盒中保存,置于阴凉干燥处妥善保管。

[思考题]

(1) 游标卡尺精度的计算方法是什么?用游标卡尺如何读数?

(2) 螺旋测微计精度如何确定?用它进行测量时如何读数?

二、读数显微镜和物理天平

[实验目的]

(1) 了解读数显微镜和物理天平的结构和原理。

(2) 学会使用读数显微镜和物理天平,掌握如何确定仪器的准确度。

(3) 运用误差理论和有效数字的运算法则正确记录和处理实验数据,分析产生误差的原因。

[实验仪器]

读数显微镜、物理天平、毛细微管、圆环。

[仪器描述]

1. **读数显微镜** 它是测微螺旋(或游标装置)和显微镜组合起来成为精确测量长度的仪器,其外形结构如图 1-6 所示。

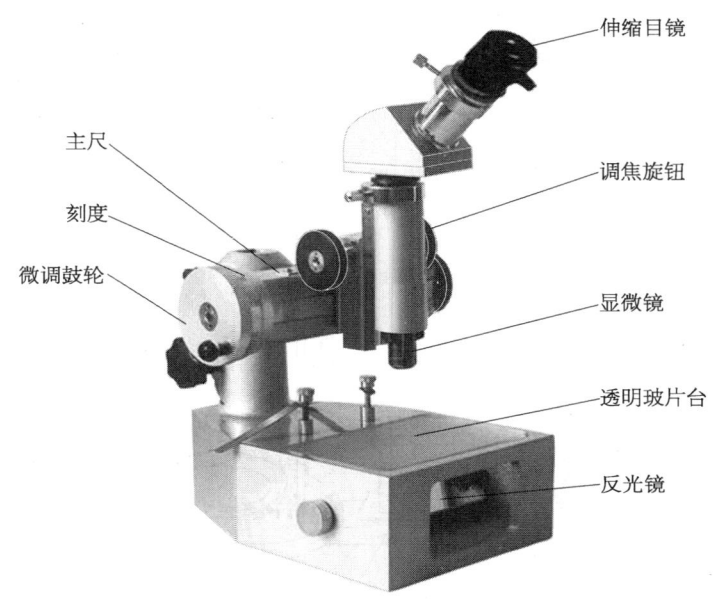

图 1-6 读数显微镜的外形

此仪器是由目镜、十字叉丝(靠近目镜)和物镜三部分组成。测微螺旋的主尺是毫米刻度尺,它的螺距是 1 mm,测微鼓轮的周边等分为 100 个分格。每转动一格,显微镜移动 0.01 mm,所以其测量精度也是 0.01 mm。读数由主尺上的指示值加上测微鼓轮上的读数得到。

2. **物理天平** 按其精确程度分为物理天平和分析天平。物理天平的构造如图 1-7 所示。在横梁中点和两端共有三个刀口,中间的刀口安放在刀垫上,秤盘悬挂在两端的刀口上。可移动的游码附在横梁上,做小游码用。一般物理天平最大称量为 500 g。本实验所用天平最大称量为 1 000 g,1 g 以下的用游码。横梁等分为 20 个分格,每个分格是 100 mg。把游码从左端移动到右端,等于在右盘中加了 2 g 的砝码。

横梁两侧还有用来调零的平衡螺丝。横梁下装有竖直向下的一个指针,在指针下的支柱上有指针标尺,可以根据指针的示数判断天平的平衡和灵敏度。天平底座上装有水准仪可以用调节螺丝调整。在底板左侧秤盘的上方有可放置物品的托架。

[实验原理]

1. **读数显微镜** 调节反光镜照亮待测物体;调节目镜,改变目镜和十字叉丝的距离,直到清楚地看到十字叉丝为止;调节焦距,直到在目镜中同时看清楚待测物体成的像和十字叉丝并消除视差为止;转动微调鼓轮移动显微镜,使纵向叉丝与测量目标起始位置 A 对准,记下读数 L_A;沿同方向继续转动微调鼓轮移动显微镜,使纵向叉丝与测量目标终点位置 B 对准,记下读数 L_B。两次的距离,即

$$L = L_B - L_A$$

2. **物理天平** 物理天平测量物体质量的原理是基于杠杆平衡的原理,具体内容参考相关书籍。

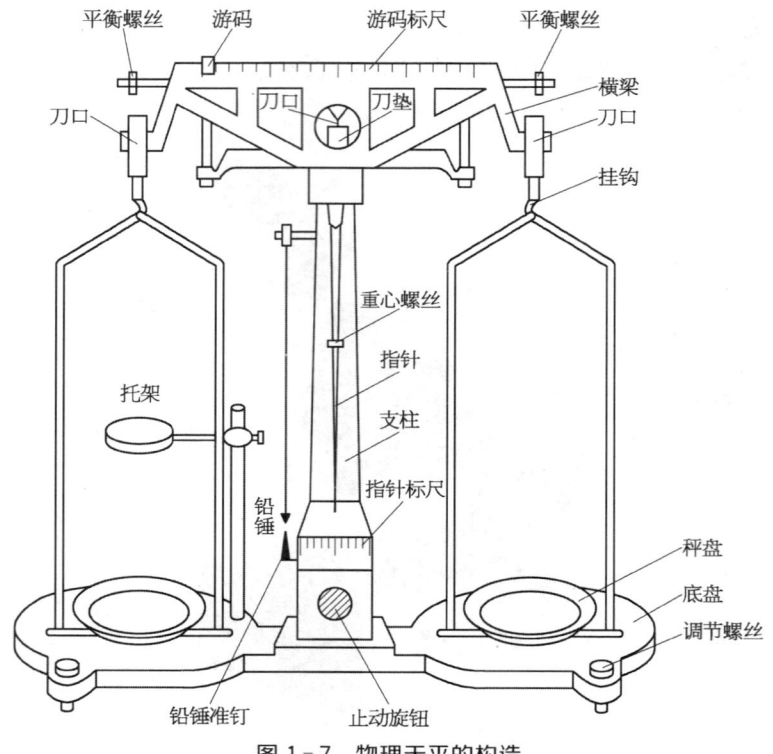

图1-7 物理天平的构造

[**实验步骤**]

1. 读数显微镜的使用

(1) 掌握读数显微镜注意事项，熟悉使用方法和读数方法后，开始测量。

(2) 用读数显微镜测毛细微管的内径3次，将测量值填入表1-3。

2. 物理天平的使用

(1) 调节刀垫的水平：调节底脚螺丝使支柱铅直或底盘水平。

(2) 调零点：在横梁两侧刀口上挂上秤盘。将止动旋钮向右旋转，支起横梁。游码放在零位置上，用平衡螺丝进行调整。

(3) 称量：按左物右码进行称量(包括测分度值)。用天平称圆环的质量，测量3次，将测量值填入表1-4。

每次称量完毕，将止动旋钮向左旋转放下横梁，全部称完后取下吊钩，并将砝码复位。

[**数据记录与处理**]

表1-3 读数显微镜测量毛细微管内径　　　分度值：_____mm

要求 项目	次数	测量值	平均值	绝对误差	平均绝对误差	测量结果
毛细微管内径 d(mm)	1					
	2					
	3					

表 1-4　物理天平测量圆环质量　　　　　　　　　　　　　分度值：＿＿＿＿mm

项目＼要求	次数	测　量　值	平均值	绝对误差	平均绝对误差	测量结果
圆环质量 m(g)	1					
	2					
	3					

[注意事项]

1. 读数显微镜

(1) 在用调焦旋钮对被测物体进行调焦前,应先使显微镜镜筒下降接近被测物体,然后从目镜中观察,旋转调焦旋钮,使镜筒慢慢向上移动,避免两者相碰挤坏被测物。

(2) 防止回程差。由于螺杆和螺母不能完全密接,螺旋转动方向改变时,其接触状态也改变。所以移动显微镜,使其从反方向对准一个目标的两次读数将不同,由此产生的误差称为回程差。为防止回程差,在测量时应向同一方向转动微调鼓轮,使十字叉丝和各目标对准,若移动超过目标时,退回一些,再重新向同一方向转动微调鼓轮对准目标。

(3) 读数显微镜较为精密,要保持仪器的清洁,使用和搬动时要小心谨慎。

2. 物理天平

(1) 天平的负载不能超过最大量载,以避免横梁和刀口的损伤。

(2) 只能在制动的状态下,取放物体和砝码或转动平衡螺丝。只有在判断天平平衡位置时才将天平启动,启动、制动天平的动作要轻。

(3) 注意左物右码。不能用手直接拿砝码,必须用镊子夹取。用过的砝码要直接放到砝码盒里,注意保护砝码,防止小砝码丢失。

(4) 为了防止砝码和天平生锈、污染以及机械损伤,液体、高温物体、带腐蚀性的化学品等不得直接放在秤盘上。

[思考题]

(1) 如何使用读数显微镜？应该注意哪些事项？

(2) 用误差传递公式计算圆环密度的平均绝对误差。

实验二　刚体转动惯量的测定

[**实验目的**]
(1) 掌握用激光光电传感器精确测量三线摆扭转运动的周期。
(2) 掌握用三线摆法测量物体的转动惯量，测量相同质量的圆盘和圆环绕同一转轴扭转的转动惯量，说明转动惯量与质量分布的关系。
(3) 验证转动惯量的平行轴定理。

[**实验器材**]
新型转动惯量测定仪、米尺、游标卡尺、计时计数仪、水平仪，样品为圆盘、圆环及圆柱体3种。

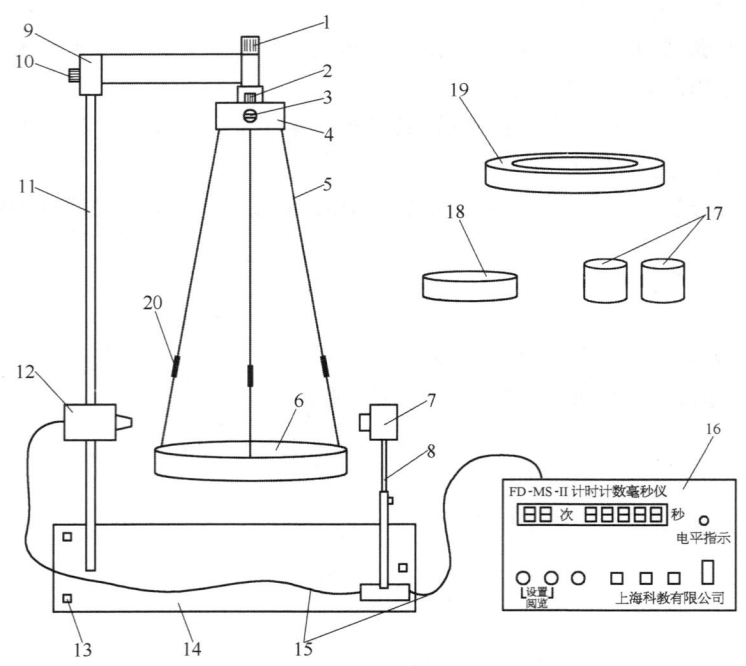

图 2-1　新型转动惯量测定仪的结构图

1. 启动盘锁紧螺母　2. 摆线调节锁紧螺栓　3. 摆线调节旋钮　4. 启动盘　5. 摆线（其中一根线挡光计时）　6. 悬盘　7. 光电接收器　8. 接收器支架　9. 悬臂　10. 悬臂锁紧螺栓　11. 支杆　12. 半导体激光器　13. 调节脚　14. 导轨　15. 连接线　16. 计时计数仪　17. 小圆柱样品　18. 圆盘样品　19. 圆环样品　20. 挡光标记

[仪器描述]

计时计数仪可用于单摆、气垫导轨、测量马达转速、产品计数等与计时有关的实验。此仪器内设单片机,具有计时和计数功能。设置计数数值后,计时计数仪每接收到一个下降沿信号就计数一次,直至使用者设定的值。这时可从计时显示中读取发生触发信号所用的时间,如弹簧振动的周期、三线摆的摆动周期等。

计时计数仪的使用步骤如下:① 将主机后面板的航空插座与操作平台上的光电接收器上的航空插头相连接。仪器上的接线柱备用,+5 V 也可作电源(5 V, 0.5 A),GND 是接地,IN 是触发信号输入端,可与传感器输出端相连。② 打开电源,预置计数值,此时计数显示屏上将显示设定值,仪器处于等待状态,仪器右上角的电平指示灯为暗状态。若使用在激光光电传感器上时,此灯等待状态为暗,每接收到一个触发信号,电平指示灯就亮一次;若用在其他传感器上时,此灯等待状态为亮,接收到一个触发信号,电平指示灯就暗一次。计时计数仪接收到触发信号后开始计时。③ 当计数至设定值后,可读出所用时间。这时再按"设置/阅览"键,转换为阅览功能,可阅览每次触发间隔的时间值。

[实验原理]

转动惯量是物体转动惯性的量度。物体对某轴的转动惯量的大小,除了与物体的质量有关外,还与转轴的位置和质量的分布有关。正确测量物体的转动惯量,在工程技术中有着十分重要的意义。如正确测定炮弹的转动惯量,对炮弹命中率有着不可忽视的作用。机械装置中飞轮的转动惯量大小,直接对机械的工作有较大影响。有规则物体的转动惯量可以通过计算求得,但对几何形状复杂的刚体,计算则相当复杂,而用实验方法测定就简便得多,三线摆就是通过扭转运动测量刚体转动惯量的常用装置之一。

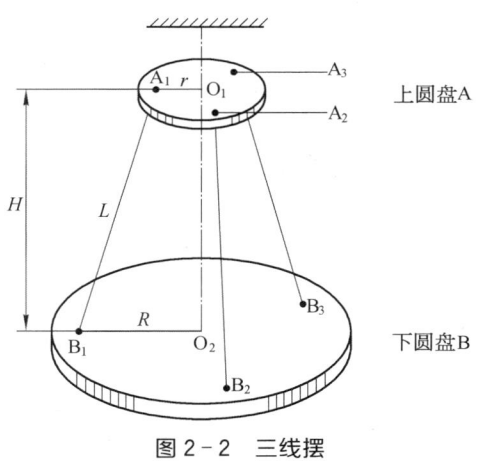

图 2-2 三线摆

三线摆是将一个匀质圆盘,以等长的三条细线对称地悬挂在一个水平的小圆盘下面构成的。每个圆盘的三个悬点均构成一个等边三角形。如图 2-2 所示,当下圆盘 B 调成水平、三线等长时,下圆盘 B 可以绕垂直于它并通过两盘中心的轴线 O_1O_2 做扭转摆动,扭转的周期与下圆盘(包括其上物体)的转动惯量有关,三线摆法正是通过测量它的扭转周期去求已知质量物体的转动惯量。

在摆角很小,三悬线很长且等长,悬线张力相等,上下圆盘平行,且只绕 O_1O_2 轴扭转的条件下,下圆盘 B 对 O_1O_2 轴的转动惯量 J_0 为:

$$J_0 = \frac{m_0 gRr}{4\pi^2 H} T_0^2 \qquad (2-1)$$

式中 m_0 为下圆盘 B 的质量,r 和 R 分别为上圆盘 A 和下圆盘 B 上线的悬点到各自圆心 O_1 和 O_2 的距离(注意 r 和 R 不是圆盘的半径),H 为两盘之间的垂直距离,T_0 为下圆盘扭转的周期。

若测量质量为 m 的待测物体对于 O_1O_2 轴的转动惯量 J，只需将待测物体置于圆盘上，设此时扭转周期为 T，则对于 O_1O_2 轴的转动惯量为

$$J_1 = J + J_0 = \frac{(m+m_0)gRr}{4\pi^2 H}T^2 \qquad (2-2)$$

于是得到待测物体对于 O_1O_2 轴的转动惯量为

$$J = \frac{(m+m_0)gRr}{4\pi^2 H}T^2 - J_0 \qquad (2-3)$$

式(2-3)表明，各物体对同一转轴的转动惯量具有相叠加的关系，这是三线摆方法的优点。为了将测量值和理论值比较，安置待测物体时，要使其质心恰好和下圆盘 B 的轴心重合。

本实验还可验证平行轴定理。如把一个已知质量的小圆柱体放在下圆盘中心，质心在 O_1O_2 轴，测得其直径 $D_{小柱}$，由公式 $J_2 = \frac{1}{8}mD_{小柱}^2$ 算得其转动惯量 J_2；然后把其质心移动距离 d，为了不使下圆盘倾翻，用两个完全相同的圆柱体对称地放在圆盘上，如图 2-3 所示。设两圆柱体质心离开 O_1O_2 轴距离均为 d（即两圆柱体的质心间距为 $2d$）时，它们对于 O_1O_2 轴的转动惯量为 J_2'，设一个圆柱体质量为 M_2，则由平行轴定理可得

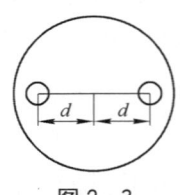

图 2-3
验证平行轴定理

$$M_2 d^2 = \frac{J_2'}{2} - J_2 \qquad (2-4)$$

由此算出的 d 值和用长度器实测的值比较，在实验误差允许范围内两者相符的话，就验证了转动惯量的平行轴定理。

[**实验步骤**]

1. 调节三线摆

(1) 调节上圆盘(启动盘)水平：将圆形水平仪放到悬臂上，调节底板调节脚，使其水平。

(2) 调节下圆盘水平：将圆形水平仪放至悬盘中心，调节摆线锁紧螺栓和摆线调节旋钮，使圆盘水平。

2. 调节激光器和计时计数仪

(1) 先将光电接收器放到一个适当位置，后调节激光器位置，使其和光电接收器在一个水平线上。此时可打开电源，将激光束调整到最佳位置，即激光打到光电接收器的小孔上，计时计数仪右上角的低电平指示灯状态为暗。注意此时切勿直视激光光源。

(2) 再调整启动盘，使一根摆线靠近激光束。(此时也可轻轻旋转启动盘，使其在 5°角内转动起来)

(3) 设置计时计数仪的预置次数 20 或者 40，即半周期数。

3. 测量下圆盘的转动惯量 J_0

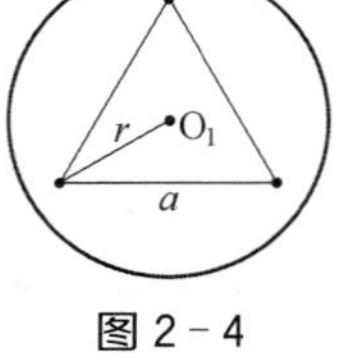

(1) 按图 2-4 所示方法 $r = \frac{\sqrt{3}}{3}a$ 算出上、下圆盘悬点到盘心的距离 r 和 R，用游标卡尺测量下圆盘的直径 D_1。

图 2-4
边长与半径的关系

(2) 用米尺测量上下圆盘之间的距离 H。

(3) 测量下圆盘的质量 M_0。

(4) 测量下圆盘摆动周期 T_0。为了尽可能消除下圆盘的扭转振动之外的运动,三线摆仪上圆盘 A 可方便地绕 O_1O_2 轴做水平转动。测量时,先使下圆盘静止,然后转动上圆盘,通过三条等长悬线的张力使下圆盘随着做单纯的扭转振动。轻轻旋转启动盘,使下圆盘做扭转摆动(摆角<5°),记录 10 或 20 个周期的时间。

(5) 算出下圆盘的转动惯量 J_0。

4. 测量下圆盘加圆环的转动惯量 J_1

(1) 在下圆盘上放上圆环并使它的中心对准下圆盘中心。

(2) 测量下圆盘加圆环的扭转摆动周期 T_1。

(3) 测量并记下圆环质量 M_1,圆环的内、外直径 $D_内$ 和 $D_外$。

(4) 算出下圆盘加圆环的转动惯量 J_1,圆环的转动惯量 J_{M_1}。

5. 测量下圆盘加圆盘的转动惯量 J_3

(1) 在下圆盘上放上圆盘并使它的中心对准下圆盘中心。

(2) 测量下圆盘加圆盘的扭转摆动周期 T_3。

(3) 测量并记录圆盘质量 M_3,直径 $D_{圆盘}$。

(4) 算出下圆盘加圆盘的转动惯量 J_3,圆盘的转动惯量 J_{M_3}。

6. 验证质量分布与转轴的关系

(1) 利用步骤 3～5 测得下圆盘的转动惯量 J_0、圆环的转动惯量 J_{M_1} 和圆盘的转动惯量 J_{M_3}。

(2) 将测得的下圆盘、圆环、圆盘的转动惯量值分别与各自的理论值比较,计算出百分误差。

(3) 实验中圆环和圆盘的质量接近,比较它们的转动惯量,得出质量分布与转动惯量的关系。

7. 验证平行轴定理

(1) 将两个相同的圆柱体按照下圆盘上的刻线,对称地放在下圆盘上,相距一定的距离 $2d = D_{槽} - D_{小柱}$。

(2) 测量扭转摆动周期 T_2。

(3) 测量圆柱体的直径 $D_{小柱}$,悬盘上刻线直径 $D_{槽}$ 及圆柱体的总质量 $2M_2$。

(4) 算出两圆柱体质心离开 O_1O_2 轴距离均为 d(即两圆柱体的质心间距为 $2d$)时,它们对于 O_1O_2 轴的转动惯量 J_2'。

(5) 由公式 $J = \dfrac{1}{8}mD^2$ 算出单个小圆柱体处于轴线上并绕其转动的转动惯量 J_2。

(6) 由式(2-4) $md^2 = \dfrac{J_2'}{2} - J_2$ 算出的 d 值和用长度器实测的 d' 值比较,计算百分误差。

[数据记录与处理]

表 2-1 各周期的测定

测量项目		下圆盘质量 M_0	圆环质量 M_1	圆柱体总质量 $2M_2$	圆盘质量 M_3
摆动周期数 n					
10个周期时间 t	1				
	2				
	3				
	4				
平均值 $\bar{t}$					
平均周期 $T_i = \bar{t}/n$					

表 2-2 上、下圆盘几何参数及其间距

测量项目		D_1(cm)	H(cm)	a(cm)	b(cm)	$r = \frac{\sqrt{3}}{3}\bar{a}$(cm)	$R = \frac{\sqrt{3}}{3}\bar{b}$(cm)
次数	1						
	2						
	3						
平均值							

表 2-3 圆环、圆柱体几何参数

测量项目		$D_内$(cm)	$D_外$(cm)	$D_{圆盘}$(cm)	$D_{小柱}$(cm)	$D_槽$(cm)	$2d = D_槽 - D_{小柱}$(cm)
次数	1						
	2						
	3						
平均值							

[注意事项]

(1) 为了降低实验时由于摆动角度变化过大带来的系统误差、避免悬挂线重复通过光电门,摆角最好在 10°范围内。

(2) 机座应保持水平状态。

[思考题]

(1) 实验中是如何验证平行轴定理的?

(2) 简要分析影响本实验测量结果的各种因素是什么?如何减小它们对本实验结果的影响?

实验三 液体黏滞系数的测定

[**实验目的**]
(1) 掌握用毛细管法测量液体黏度。
(2) 掌握用落球法测量液体黏度。
(3) 了解不同温度下液体黏滞系数的变化关系。
(4) 了解激光光电传感器测量时间和物体运动速度的实验方法。

一、毛细管法

[**实验器材**]
奥氏黏度计、温度计、秒表、烧杯、洗耳球、蒸馏水、待测液体。

[**仪器描述**]
如图 3-1 所示,奥氏黏度计是一根带有两个玻璃球泡的 U 形玻璃管,B 泡位置较高,为测量泡,上下部各有一条刻痕 m 和 n,用于确定流体的体积,位于下刻痕 n 下面 2、3 两点之间是一段直径均匀的毛细管,长为 L,流体就从此毛细管中流过。因 U 形管两边液面的高度不同,B 泡液面高,A 泡液面低,B 泡内的液体将在重力的作用下经毛细管流回 A 泡。利用秒表记下液面从上刻痕 m 下降至下刻痕 n 所用的时间 Δt。

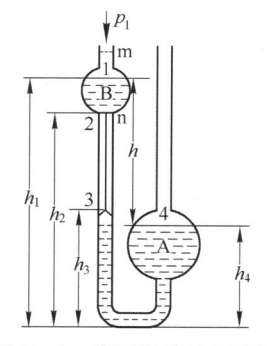

图 3-1 奥氏黏度计示意图

[**实验原理**]
不可压缩的牛顿流体在水平圆管中做稳定流动时,如果平均流速不大,流动的形态是层流。根据泊肃叶定律,在管子的形状及液体黏度一定时,流体的体积流量 Q 和管子两端的压强差 Δp 成正比

$$Q = \frac{\pi R^4 \Delta p}{8\eta L}$$

式中,R 为圆管的半径,L 为圆管的长度,η 为液体的黏度。对于非水平圆管,则流量公式为

$$Q = \frac{\pi R^4}{8\eta L}(\Delta p + \rho g h)$$

式中,h 为左右液面之间的高度差,当 $\Delta p = 0$ 时,上式变为

$$Q = \frac{\pi R^4}{8\eta L}\rho g h$$

若 dt 时间内流过管子的体积为 dV,则

$$dV = Q dt = \frac{\pi R^4}{8\eta L}\rho g h\, dt$$

$$\frac{dV}{h} = \frac{\pi R^4}{8\eta L}\rho g\, dt$$

$$\int_0^{V_0} \frac{dV}{h} = \frac{\pi R^4}{8\eta L}\rho g\, \Delta t$$

假如用此式直接测定黏滞系数 η,需要测量 R、Δt、L、V 等多个物理量,各个物理量的测量存在困难。在实验室,我们常采用间接比较法。即控制不同的流体在某些相同的条件下进行测量(如让相同体积的不同流体通过同一根细管),利用公式进行比较,消去相同的物理量。这样,我们只要测量少数的物理量即可计算出实验结果来。这种方法的思想是以一种流体的某个物理量的值为标准值,通过测量其他的物理量,再利用比较得到的公式,计算出我们需要测量的结果。该方法可使实验操作过程大为简化,并能提高测量的精度。下面分析间接比较法在本实验中的具体应用。现将相同体积的蒸馏水和被测液体(黏度分别为 η_1、η_2,密度为 ρ_1、ρ_2)先后注入黏度计,测出各自从液面 m 降至 n 处所用的时间分别为 Δt_1、Δt_2,则有

$$\int_0^{V_0} \frac{dV}{h} = \frac{\pi R^4}{8\eta_1 L}\rho_1 g\, \Delta t_1$$

$$\int_0^{V_0} \frac{dV}{h} = \frac{\pi R^4}{8\eta_2 L}\rho_2 g\, \Delta t_2$$

显然,以上两式左端相等,得

$$\frac{\rho_1 \Delta t_1}{\eta_1} = \frac{\rho_2 \Delta t_2}{\eta_2}$$

即

$$\eta_2 = \frac{\rho_2 \Delta t_2}{\rho_1 \Delta t_1}\eta_1 \tag{3-1}$$

从本书附录中可查得在实验温度下标准液体——蒸馏水的 η_1、ρ_1 及待测液体的 ρ_2,通过实验测得时间 Δt_1 和 Δt_2,根据式(3-1)可求得被测液体的黏滞系数 η_2。

[实验步骤]

(1) 量取 10 ml 蒸馏水倒入黏度计,用秒表测出液面由 m 降至 n 的下落时间 Δt,测 5 次(要求每次测量时间的误差不超过 0.2 s)。

(2) 倒出管内液体,改用 10 ml、95% 乙醇溶液,重复步骤(1);再换 10 ml、75% 乙醇,重复步骤(1)。

(3) 倒出液体洗净,记录水温 T,查出该温度的水的黏度 η_0,根据式(3-1)计算乙醇的 η。

[数据记录与处理]

表 3-1　测量溶液下降时间

下落时间	Δt_1	Δt_2	Δt_3	Δt_4	Δt_5	平均值	平均绝对误差
蒸馏水							
95%乙醇							
75%乙醇							

[注意事项]

(1) 液体黏度与杂质浓度有关,所以必须清洗干净。

(2) 洗耳球吸液体高于 B 泡上刻度线 m,但不能使液体从顶端溢出。

[思考题]

(1) 为什么要取相同体积的待测液体和标准液体进行比较测量?

(2) 在实验过程中,为什么要将黏度计浸在水里?

(3) 在实验过程中,为什么必须使黏度计保持竖直位置?实验结果精度与这一因素有关吗?为什么?

二、落球法

[实验器材]

FD-VM-C 型变温黏滞系数测试实验仪。

[仪器描述]

实验装置(图 3-2)主要有:变温黏滞系数测试实验仪主机、实验架、水箱、玻璃容器、激光器、水泵、加热器、温度计、温度传感器、重锤、引导管、小钢球等。

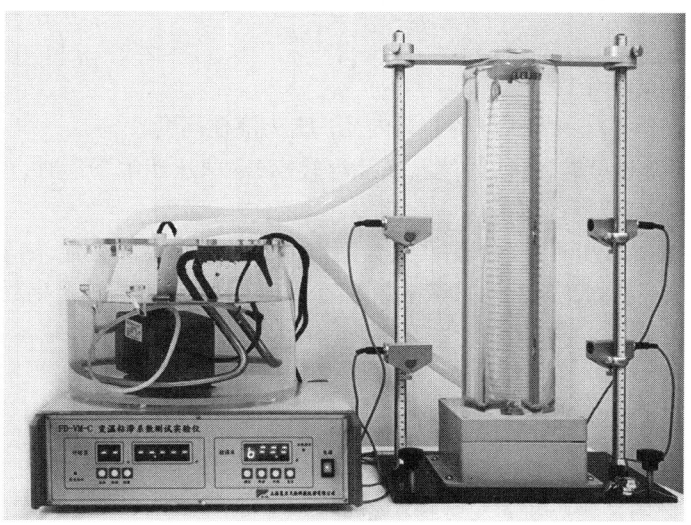

图 3-2　变温黏滞系数测试实验装置的外形

[实验原理]

1. **液体的黏滞系数** 当金属小钢球在黏性液体中下落时,它受到三个竖直方向的力:小钢球的重力 mg (m 为小钢球质量)、液体作用于小钢球的浮力 $\rho_1 gV$ (V 是小钢球体积, ρ_1 是液体密度)和黏滞阻力 F (其方向与小钢球运动方向相反)。如果液体无限深广,在小钢球下落速度 v 较小的情况下,有

$$F = 6\pi\eta rv \tag{3-2}$$

上式称为斯托克斯公式,其中 r 是小钢球的半径, η 称为液体的黏度,其单位是 Pa·s。

根据斯托克斯定律,小钢球开始下落时,由于速度 v 小,则黏滞阻力小;但随着下落速度 v 的增大,黏滞阻力也随之增大。最后,三个力达到平衡,即

$$mg = \rho_1 gV + 6\pi\eta rv$$

于是,小钢球做匀速直线运动,由上式可得

$$\eta = \frac{(m - \rho_1 V)g}{6\pi vr}$$

令小钢球的直径为 d,并用 $m = \frac{\pi}{6}d^3\rho_2$, $v = \frac{l}{t}$, $r = \frac{d}{2}$ 代入上式得

$$\eta = \frac{(\rho_2 - \rho_1)gd^2 t}{18l} \tag{3-3}$$

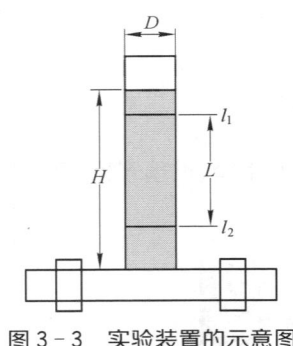

图 3-3　实验装置的示意图

其中 ρ_2 为小钢球材料的密度, l 为小钢球匀速下落的距离, t 为小钢球下落 l 距离所用的时间。

2. **实验条件** 实验时,待测液体必须盛于容器中(图 3-3),故不能满足无限深广的条件。实验证明,若小钢球沿圆形筒的中心轴线下降,式(3-3)必须进行修正,即为

$$\eta = \frac{(\rho_2 - \rho_1)gd^2 t}{18l} \cdot \frac{1}{\left(1 + 2.4\dfrac{d}{D}\right)\left(1 + 1.6\dfrac{d}{H}\right)} \tag{3-4}$$

其中 D 为容器内径, H 为液柱高度。

实验时小钢球下落速度若较大,如气温及油温较高,钢球从油中下落时,可能出现湍流情况,斯托克斯公式不再成立,要进行修正。

3. **液体黏滞系数与温度的关系** 黏滞系数由液体的性质和温度决定,随着液体温度的升高,其黏滞系数会迅速减小。如蓖麻油的黏滞系数 η 随温度 θ 的变化近似满足指数衰减关系,即

$$\eta = Ae^{-B\theta}$$

其中系数 A、B 均为正数, θ 为热力学温度。

[实验步骤]

1. **调整黏滞系数测定实验装置及实验准备**

(1) 仪器按结构图组装完成后,往玻璃容器内筒中加入适量的待测液体(高度 430~440 mm

为宜),如蓖麻油,往水箱中加入适量的水(比提手高 1 cm 左右)。连接好主机和水泵的电源线、计时数据传输线、温度数据传输线(把温度传感器放入水中)和进水管、出水管。开启主机电源,接通水泵开关给玻璃容器灌水。此时最好将出水管拔出水面,尽量避免水箱中水泡的产生,以便水泵的正常工作和观测计时的正常进行。当水灌满后,把出水管浸没水中并调整好温度传感器的位置,让它们不要碰到加热器。

(2) 打开主机电源后,可观察到实验架上的上、下两个激光发射器发出红光。在仪器横梁中间部位放重锤部件,微调底板上的水平调节螺丝使仪器较为水平即可。调节上、下两个发射器,使其红色激光束对准锤线(也是小钢球下落路径)。两发射器摆放位置稍微靠下,以保证计时阶段小钢球已是匀速下落;两光束间距尽量大些,以减小计时和下落距离测量的相对误差。

(3) 收回重锤部件,调节上、下两个接收器,使红色激光束对准接收孔。当主机面板上触发指示灯亮时,就表示两接收器同时接收到了光束。尽量使光束从接收孔中心垂直射入,以便减少气泡对计时的干扰(若有气泡经过激光束时,会附加折射,这就可能导致非目的性计时)。

2. **室温下测量小钢球匀速下落 L 距离的时间**　用温度计测量室温下待测液的温度,然后在仪器横梁中间部位放入铜质球导管,让小钢球从铜质球导管中下落,记录每次小球下落 L 距离的时间,取各次计时的平均值作为下落时间。

3. **测量不同温度下小钢球匀速下落 L 距离的时间**　在主机上设置好要达到的温度值(建议不高于 50℃,因为温度太高,小钢球匀速下落条件难以满足,且影响仪器使用寿命),按确定按钮后仪器开始给循环水加热。每隔 3 分钟用搅拌棒伸入待测液中搅拌 1 次(先把铜质球导管和横梁小心取下),这样可以加快待测液的升温速率,缩短热量扩散达到均匀的时间。等主机温度表稳定显示预期温度和待测液温度稳定不变时,记下此时待测液的温度(待测液温度一般小于设定的水温值)。然后把横梁小心装上,放入重锤检查激光是否打在锤线上,若拆装横梁后不能正常计时,可重复(2)中若干步骤调好激光器位置。最后重复 2 中步骤,得到不同温度下小球的下落时间。

4. **记录实验时待测液的深度 H**　用电子分析天平测量 30 颗小钢球的质量 m,用千分尺测出小球直径 d,计算小钢球的密度 ρ_2。用液体密度计测量待测液的密度 ρ_1。用游标卡尺测量筒的内径 D。

[**数据记录与处理**]

计时距离 $L=$(发射器间距+接收器间距)$/2=$ _____ mm。

经多次测量得到小钢球直径 $d=$ _____ mm,小钢球密度 $\rho_2=7.86\times10^3$ kg/m^3。

油的密度 $\rho_1=$ _____ kg/m^3,油高 $H=$ ____ mm,量筒内径 $D=60$ mm。

表 3-2　不同温度下溶液黏滞系数测量数据

温度(℃)	L(mm)	t_1(s)	t_2(s)	t_3(s)	t_4(s)	t_5(s)	$\bar{t}$(s)	η(Pa·s)
28.00								
32.05								
35.70								
40.30								
44.20								

根据测量数据,作出溶液黏滞系数与温度关系曲线图。

[注意事项]

(1) 主机接通电源后不要打开水箱盖(被封闭的加热器内通有220 V电压)！实验室插座接地端应确保接地,以保证与之相连的加热器外壳和水箱中的水不带电。

(2) 激光束不能直射人的眼睛,以免损伤眼睛。

(3) 实验时应避免水泵空转,以延长水泵使用寿命。实验过程中若加水应先关闭水泵电源,以防注水时产生大量水泡使得水泵空转。

(4) 水箱中水位不能过低,整个实验过程都应确保水能浸没加热器发热部分(底部大圈)和水泵转叶。

(5) 温度传感器和出水管不要碰到加热器,以免烫坏变形。

(6) 引导管的内壁和投放的小钢球应保持清洁,以保证小钢球顺利滑出引导管。

(7) 应保证实验用水的清洁,仪器用过一段时间后要清洗,以确保计时的顺利进行和水泵的正常工作。

[思考题]

如何验证小钢球已进入匀速运动状态?

实验四 液体表面张力系数的测量

[**实验目的**]
(1) 掌握用焦利氏秤测量微小的力的方法。
(2) 掌握传感器的定标方法,用砝码对硅压阻力敏传感器进行定标。
(3) 了解拉脱法测液体表面张力的物理过程和物理现象,测定水和乙醇的表面张力系数。

一、焦利氏秤测量液体表面张力系数

[**实验器材**]
焦利氏秤、矩形金属片、砝码、游标卡尺、酒精灯、镊子、烧杯、蒸馏水、苛性钠溶液等。

[**仪器描述**]
焦利氏秤是一个精细的弹簧秤,常用于测量微小的力,如图 4-1 所示。在有水平调节螺旋 1 的三角底座上,固定着金属立柱 4,其内装有带毫米刻度的金属管 6,金属立柱 4 上附有游标 5,升降旋钮 2 可使金属管 6 上、下移动。在金属管 6 顶端的横梁上挂有弹簧 7,其下端挂着一个带有指示镜(中央有一标线)的金属杆 9,刻有标线的玻璃管 8 套在指示镜外。金属杆 9 下端为可挂砝码的秤盘 10 或矩形金属片 12。13 为载物平台,它的升降可通过调节平台固定夹 3,平台下面的微调旋钮 14 用来调节载物平台的微小移动。

使用焦利氏秤时先调节水平调节螺旋 1,使金属杆 9 及指示镜竖直从玻璃管 8 正中通过,然后旋转升降旋钮 2 使指示镜上的标线和玻璃管 8 上的标线及其在指示镜中的像三者重合(简称三线重合),从标尺 5 和 6 读出示数 x_1。当在弹簧下端施以拉力 F 时,弹簧将伸长,此时三线不再重合,再旋转升降旋钮 2 使三线再重合,从标尺读出示数 x_2。则弹簧的伸长量为

$$\Delta x = x_2 - x_1 \qquad (4-1)$$

根据胡克定律,在弹性限度内,弹簧的伸长量与所

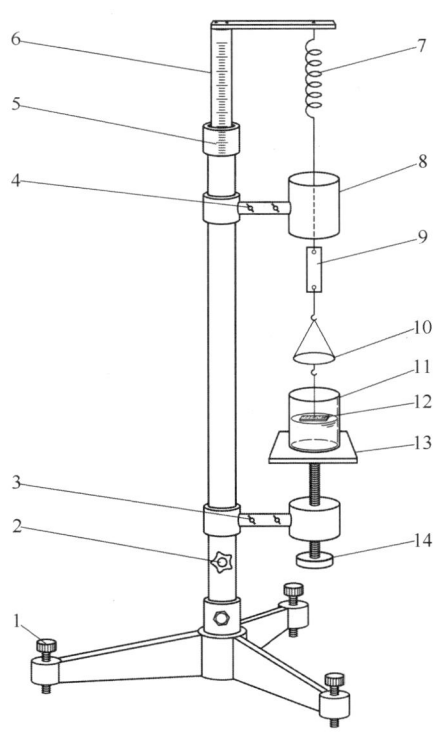

图 4-1 焦利氏秤的外形
1. 水平调节螺旋 2. 升降旋钮 3. 平台固定夹 4. 金属立柱 5. 游标 6. 带毫米刻度的金属管 7. 弹簧 8. 刻有标线的玻璃管 9. 金属杆 10. 砝码盘 11. 烧杯 12. 矩形金属片 13. 载物台 14. 微调旋钮

受拉力的关系为

$$F = k \cdot \Delta x \tag{4-2}$$

式中 k 是弹簧的倔强系数。对于一个特定的弹簧，k 值是一定的，故只要测出弹簧的伸长量，就可计算出作用于弹簧的外力 F。

[**实验原理**]

液体表面都存在着张力的作用，这是一种沿着液体表面、使液面有收缩趋势的力，称为表面张力。在表面张力的作用下，液体具有尽量缩小其表面积的趋势。表面张力 f 的方向与液面相切，且垂直于周界线，其大小与周界线长度 L 成正比，即

$$f = \alpha L \tag{4-3}$$

式中，α 称为表面张力系数。它表示周界线单位长度上所受到的表面张力，其单位为牛顿每米（$N \cdot m^{-1}$）。

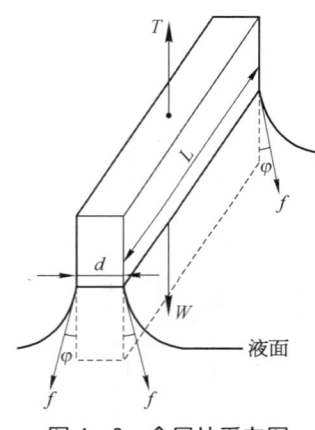

图 4-2 金属片受力图

将一块矩形金属片浸入润湿液体中，则其附近的液面将呈现如图 4-2 所示的状态。图中 f 为金属片四周的液体的表面层对金属片作用的表面张力，φ 为接触角。缓缓提起金属片，接触角 φ 将逐渐减小而趋向于零，f 的方向趋于垂直向下，在金属片拉脱液面前 φ 已足够小，诸力的平衡条件可写为

$$T = W + F$$
$$F = T - W \tag{4-4}$$

式中，T 为金属片拉出时所施的外力；W 为金属片和其所黏附的液体的总重量，F 为金属片四周的液体的表面层对金属片作用的表面张力之和。

由图 4-2 可知，矩形金属片与液体接触面的周界线长度 $L = 2(l+d)$，当 φ 趋于零时，由式(4-3)得

$$F = 2\alpha(l+d) \tag{4-5}$$

将式(4-5)代入式(4-4)可得

$$\alpha = \frac{T-W}{2(l+d)} \tag{4-6}$$

用焦利氏秤分别测量液膜即将被拉断时的标尺读数 x_2 和仅挂矩形金属片没有液膜时标尺读数 x_1，两者之差就是由于克服表面张力弹簧的伸长量，即

$$T - W = k \Delta x \tag{4-7}$$

由式(4-6)与(4-7)得

$$\alpha = \frac{k \Delta x}{2(l+d)} \tag{4-8}$$

因此，在实验中分别测出 k、Δx、l 和 d，便可由式(4-8)求出 α 值。

[实验步骤]

1. 测量焦利氏秤的 k 值

(1) 将砝码盘 10 挂在金属杆 9 下端的钩上,调节水平调节螺旋 1,使金属杆 9 和指示镜竖直通过玻璃管 8 的中心,不与玻璃管壁摩擦。

(2) 依次将质量 m 为 0.50 g、1.00 g、1.50 g 的砝码置于秤盘中,同时每次都通过调节升降旋钮 2,使三线重合,并记录各次标尺的示数 x_{i0}、x_i,填入表 4-1,将砝码拿出。

(3) 根据表 4-1 中数据计算弹簧在砝码重力作用下的伸长量 Δx_i,根据 $k=F/\Delta x$($F=mg$,取 $g=9.80 \text{ m}\cdot\text{s}^{-2}$),求出 k_i 值,然后计算 k_i 的平均值 $\overline{k}$。

2. 测量蒸馏水的表面张力系数 α

(1) 将烧杯先后用苛性钠溶液和蒸馏水洗涤,然后注入蒸馏水,置于载物台 13 上。

(2) 用游标卡尺测量矩形金属片的底边长 l 和厚度 d 各 3 次,将测量数据填入表 4-2,计算其平均值。

(3) 用镊子夹着金属片,在酒精灯的火焰上烧红去污。待冷却后挂在秤盘的底钩上,注意要使金属片的底边与杯中液面平行。

(4) 调整载物台 13,使矩形金属片的底边慢慢浸入水中少许,同时转动升降旋钮 2 使三线重合。

(5) 慢慢转动微调螺旋 14,使载物台 13 下降,同时慢慢地调节升降旋钮 2,始终保持三线重合,直至矩形金属片所带出的液膜断裂为止。不动升降旋钮 2,记录此时标尺的示数 x_2,填入表 4-2。

(6) 在没有液膜的情况下,重新调节升降旋钮 2 使三线重合,然后记录标尺的示数 x_1,填入表 4-2。

(7) 重复步骤(4)、(5)、(6)两次。

(8) 根据式(4-1),算出各次伸长量 Δx_i 及其平均值。

(9) 将平均值 $\overline{k}$、$\overline{\Delta x}$、$\overline{l}$、$\overline{d}$ 代入公式(4-8),求出 α 值。

(10) 进行误差计算。

[数据记录与处理]

表 4-1 求焦利氏秤的 k 值

次数	$m(\times 10^{-3} \text{ kg})$	$x_{i0}(\times 10^{-3} \text{ m})$	$x_i(\times 10^{-3} \text{ m})$	$\Delta x_i(\times 10^{-3} \text{ m})$	$k_i(\text{N}\cdot\text{m}^{-1})$
1					
2					
3					

平均值 $\overline{k} =$ ($\text{N}\cdot\text{m}^{-1}$)

表 4-2 求表面张力系数 α 值   水温 $t =$ ℃

次数	l ($\times 10^{-3}$ m)	d ($\times 10^{-3}$ m)	x_1 ($\times 10^{-3}$ m)	x_2 ($\times 10^{-3}$ m)	Δx_i ($\times 10^{-3}$ m)	$\alpha = \dfrac{k\Delta x}{2(l+d)}$	$\Delta \alpha_i = |\alpha_i - \overline{\alpha}|$
1							
2							
3							
平均值							

将平均值 $\bar{k}$、$\overline{\Delta x}$、$\bar{l}$、$\bar{d}$ 代入公式(4-8),求出 α 值和测量误差。

[注意事项]

(1) 水中若掺有油脂,即使很少,其表面张力系数也会有明显的变化。因此,在实验过程中必须保持水和矩形金属片的清洁,不要用手触摸,否则将影响实验结果。

(2) 弹簧若受力过大,其形变将不能恢复,实验中不能随意拉动弹簧,也不能将苛性钠溶液、水等溅到弹簧上。

(3) 动作要轻而慢,特别是水膜将破时。

[思考题]

(1) 在此实验中为何安排测 $T-W$,而不是分别测 T 和 W? 若分别测量,应如何进行?

(2) 分析产生误差的原因。

二、力敏传感器测量液体表面张力系数

[实验器材]

FD-NST-Ⅰ型液体表面张力系数测定仪、游标卡尺、待测液体等。

[仪器描述]

FD-NST-Ⅰ型液体表面张力系数测定仪,如图4-3所示。

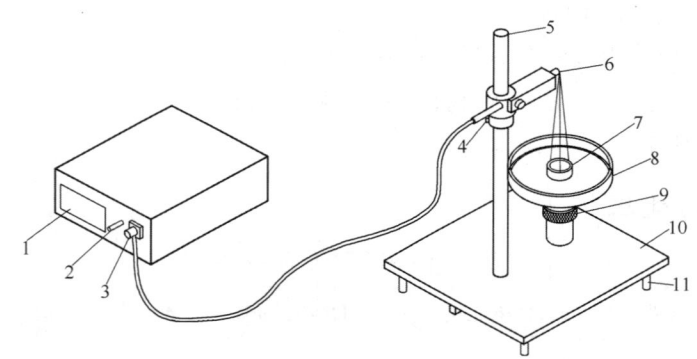

图4-3 FD-NST-Ⅰ型液体表面张力系数测定仪的示意图

1. 数字电压表 2. 调零旋钮 3. 插头调节螺丝 4. 固定螺丝 5. 支架 6. 力敏传感器
7. 吊环 8. 玻璃器皿 9. 升降螺丝 10. 底座 11. 调节螺丝

该测定仪用硅压阻式力敏传感器测量金属环的拉力。利用硅压阻式压力传感器能得到与被测压力成正比的输出电压,从而达到测量压力的目的。该传感器灵敏度高,线性和稳定性好,以数字式电压表显示传感器的输出电压。用有一定高度的薄金属圆环替代线框,吊环不易变形,反复使用不易损坏。

[实验原理]

表面张力 F' 是存在于液体表面上任何一条分界线两侧间液体的相互作用力,其方向沿着液体表面,且垂直于该分界线。表面张力 F' 的大小与分界线的长度成正比,即

$$F' = \alpha l \tag{4-9}$$

式中，α 称为表面张力系数，单位是 N/m。表面张力系数与液体的性质有关，密度小而易挥发的液体 α 小，反之 α 较大；表面张力系数还与杂质和温度有关，液体中掺入某些杂质可以增加 α，而掺入另一些杂质可能会减少 α；温度升高，表面张力系数将降低。

吊环悬挂在传感器上，将该环底部浸入液体中，然后缓慢地拉起吊环，直至把它从液面拉脱，拉脱前后两瞬间拉力的差值 f 为

$$f = \pi(D_1 + D_2)\alpha \tag{4-10}$$

式中，D_1、D_2 分别为圆环外径和内径，α 为液体表面张力系数，拉力差值 f 可由力敏传感器测出，若液膜拉断前一瞬间数字电压表读数为 U_1，拉断后读数为 U_2，则

$$f = \frac{U_1 - U_2}{B} \tag{4-11}$$

式中，B 为力敏传感器灵敏度，单位为 mV/N。

[**实验步骤**]

1. **硅压阻力敏传感器定标**　将砝码盘挂在力敏传感器的挂钩上，整机预热 15 分钟后，在砝码盘上分别加各种质量的砝码，记录相应的电压输出值。注意在加砝码前应首先对仪器调零，安放砝码时应尽量轻。

做 U-mg 图，可得一直线，由直线的斜率求传感器的灵敏度 B(mV/N)。

2. **水的表面张力系数的测量**　用游标卡尺测量金属圆环的外径 D_1 和内径 D_2，清洗玻璃器皿和金属圆环，在玻璃器皿内放入蒸馏水并把它安放在升降台上，取下砝码盘，挂上金属圆环，逆时针方向转动升降台大螺帽使液面上升，当环下沿全部浸入液体后，改为顺时针方向转动该螺帽，这时液面下降（或者说相对于液面圆环向上提拉），圆环将拉出一层圆柱形液膜，记录液膜即将被拉断前数字电压表的读数 U_1 和液膜被拉断后数字电压表的读数 U_2，测 6 次取平均值。记录水温。

3. **乙醇的表面张力系数的测量**　参照步骤 2，测量乙醇的表面张力系数，并与水的表面张力系数相比较。

[**数据记录与处理**]

表 4-3　力敏传感器定标

砝码质量 m(g)	0.500	1.000	1.500	2.000	2.500	3.000	3.500
输出电压 U(mV)							

表 4-4　水的表面张力系数的测量

测量次数	U_1(mV)	U_2(mV)	ΔU(mV)	$F(\times 10^{-3}$ N)	$\alpha(\times 10^{-3}$ N/m)
1					
2					
3					

续 表

测量次数	U_1(mV)	U_2(mV)	ΔU(mV)	$F(\times 10^{-3}$ N)	$\alpha(\times 10^{-3}$ N/m)
4					
5					
6					

水温：_____ ℃；$D_1 =$ _____ cm；$D_2 =$ _____ cm

结果：$\begin{cases} \alpha = \bar{\alpha} \pm \Delta\alpha = \underline{\qquad} \text{N/m} \\ E = \underline{\qquad} \end{cases}$ 其中 $\Delta\alpha = \sqrt{\dfrac{1}{6}\sum(\alpha_i - \bar{\alpha})^2}$，$E = \dfrac{\Delta\alpha}{\bar{\alpha}}$ 计算。

[注意事项]

(1) 吊环需严格处理干净。可用 NaOH 溶液洗净油污或杂质后，用清洁水冲洗干净，并用热吹风烘干。

(2) 吊环水平需调节好，若偏差 1°，测量结果引入误差为 0.5%；偏差 2°，误差为 1.6%。

(3) 仪器开机需预热 15 分钟。

(4) 在旋转升降台时，液体的波动要尽量小。

(5) 工作室不宜有风，以免吊环摆动。

(6) 要保持液体的纯净，使用过程中防止灰尘和油污及其他杂质污染，特别注意手指不要接触被测液体。

(7) 力敏传感器所测的力不宜大于 0.098 N(相当于 10 g 砝码)，过大的拉力容易损坏传感器。

(8) 实验结束时需将吊环用清洁的吸水纸擦干，并用清洁的纸包好，放入干燥缸内。

[思考题]

(1) 还有哪些方法可以测量液体的表面张力系数？试列举并就测量原理做简要说明。

(2) 试将所测量的结果与 α 的公认值比较。

实验五　模拟法测静电场分布

[**实验目的**]
(1) 了解模拟法描绘静电场的理论依据。
(2) 了解用模拟法研究静电场,在导电纸上描绘静电场分布的方法。
(3) 了解描绘几种静电场的等势线,根据等势线画出电场线。
(4) 加深对静电场、稳恒电流场的了解。

[**实验器材**]
THME-1型静电场描绘实验仪、描图纸。

[**仪器描述**]
本实验用THME-1型静电场描绘实验仪来测量电流场中各点的电势。描绘仪由0~12 V可调电源、高阻抗输入数字电压表、电极板、探针等组成,如图5-1所示。下面对各部分进行介绍。

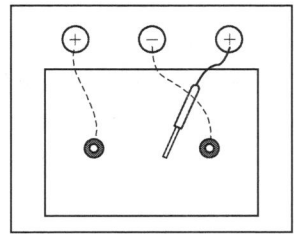 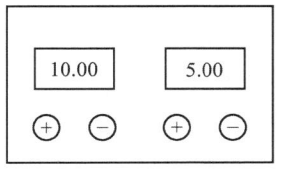

图5-1　THME-1型静电场描绘实验仪的面板

1. **电极板**　电极板是将不同形状的金属电极固定在导电玻璃板上制成。导电玻璃是在普通玻璃上镀覆一层均匀厚度的导电薄膜制成,电极与导电玻璃之间采用低电阻导电橡胶以保证电极与导电玻璃之间良好的电接触。电极板的一侧装有两个电压输入插座,可分别与电源的两极相连。导电玻璃的反面有方格坐标,可用于正确记录等势线的坐标点。

2. **探针**　探针由一表棒组成,为保证探针与导电玻璃之间良好的电接触,在探针测试端头套有一导电橡胶探头,实验时应保证探针与玻璃有良好软接触,应避免重压,否则容易造成导电橡胶探头破裂。

3. **描绘仪电源**　描绘仪电源可提供0~12 V连续可调的稳定电压,并由数字表头显示其电压值。实验时,将电源电压输出连接到电极板的电压输入端,探针连接到测试表头输入端。当电极加电压后,将探针在导电玻璃表面移动,测试电压表就会显示对应坐标点的电势值。测等势线时,先设定一个电势值(如 1 V、2 V…),右手握住探针在导电玻璃表面平稳移动,记录相同电势的坐标点并在方格纸上记录之。连接相应的等电势点,就形成等势线。取不同的电势设定值,按以上操作步骤,则可得到不同电势值的等势线。根据等势线与电场线正交的原理,即可由等势线得到相应电场线的分布图。

[实验原理]

在工程技术中,经常会碰到一些不易被测试或测试条件不足的物理量,这时,往往采用模拟法来进行测量。模拟法是科学研究的一种方法。模拟法本质上是用一种易于实现、便于测量的物理状态或过程,来模拟不易实现、不便测量的状态或过程,但这两种状态或过程必须有一一对应的两组物理量,并且它们所满足的数学形式也基本相同。静电场能传递一些带电体对另一些带电体的作用,它是物质存在的一种形式。一般来说,静电测量要比直流电测量复杂。尽管稳恒电流场与静电场是本质上不同的物理现象,但是在一定条件下导电介质中稳恒电流场与静电场的描述具有类似的数学方程,因而可以用稳恒电流场来模拟静电场。

在科学实验中,我们常常需要了解各种电极或带电体周围的静电场。但在多数情况下,很难直接求出电场分布的解析解,大多采用实验的方法来确定静电场的分布。本实验就是采用模拟法来描绘静电场,即用稳恒电流场模拟描绘静电场。

仿制所要研究的电极,用模拟实验方法研究静电场分布,在电子管、示波管、显像管和电子显微镜等电子束器件的设计和研究中,具有实用意义。

1. 模拟法描绘静电场的理论依据 带电体在其周围空间所产生的电场,可用电场强度 E 和电势 U 的空间分布来描述。为了形象地反映电场的分布情况,常采用等势面和电场线来描述电场。电场线是按空间各点电场强度的方向顺次连成的曲线,等势面是电场中电势相等的各点所构成的曲面。电场线和等势面是相互正交的,有了等势面的图形就可以画出电场线,反之亦然。我们所说的测量静电场,指的是测绘出静电场中的等势面和电场线的分布图形,它是了解电场中一些物理现象或控制带电粒子在电磁场中运动所必须解决的问题,对科研和生产都是十分有用的。

在用模拟法描绘静电场的实际过程中,由于电场强度这个物理量较难测量,测定电势(标量)比测定场强(矢量)容易实现,所以我们先测定等电势线,然后根据等电势线与电场线的正交关系,可以描绘电场线分布图。模拟法测定静电场的理论依据是因为恒定电流场与静电场这两种场所服从的物理规律具有完全相同的数学形式。表 5-1 所示为静电场与稳恒电流场所遵循的物理规律,比较两组方程可知,D、E、ε 与 J、E、σ 呈一一对应关系。当静电场中导体与恒定电流场中的电极形状相同,并且边界条件相同时,静电场在介质中的电势分布与稳恒电流场在介质中的电势分布完全相同,所以可以用稳恒电流场来模拟静电场。

表 5-1 静电场与稳恒电流场的数学方程

静 电 场	稳恒电流场	静 电 场	稳恒电流场
$D = \varepsilon E$	$J = \sigma E$	$\oint E \cdot dl = 0$	$\oint E \cdot dl = 0$
$\oint D \cdot dS = 0$	$\oint J \cdot dS = 0$	$U_{ab} = \int_a^b E \cdot dl$	$U_{ab} = \int_a^b E \cdot dl$

电流场中有许多电势彼此相等的点,测出这些电势相等的点而描绘成的面就是等势面,这些面也是静电场中的等势面。将等势面放到二维平面中可看作是等势线,根据电场线和等势线的正

交关系,即可画出电场线。电场线上每一点的切线方向就是该点静电场的方向,这就可以用等势线和电场线形象地表示静电场的分布。

2. **静电场的描绘方法** 在实际测量中,由于测定电势(标量)比测定场强(矢量)容易实现,所以我们先测定等势线,由于等势线与电场线是正交的,据此,我们就可以绘出电场线分布图。

3. **两共轴无限长均匀带电圆柱体间的静电场** 如图 5-2(a)($h\to\infty$),设内圆柱 A 的半径为 r_a,其电势为 U_a;外环内半径为 r_b,其电势为 U_b,则静电场中距离轴心为 r 处的 P 点的电势 U_r 可表示为

$$U_r = U_a - \int_{r_a}^{r} E \, dr \tag{5-1}$$

根据高斯定理可知,对于两共轴无限长均匀带电圆柱体系统,垂直于轴线的任一截面 S 内,都有均匀分布的如图 5-2(b)的辐射状电场线,这是一个与圆柱中心轴线无关的二维场,即只需研究任一截面上的电场分布即可。而在二维场中,电场强度 E 平行于 x、y 平面,其等势面为一簇同轴圆柱面的同心圆,圆等势面与电场线正交。

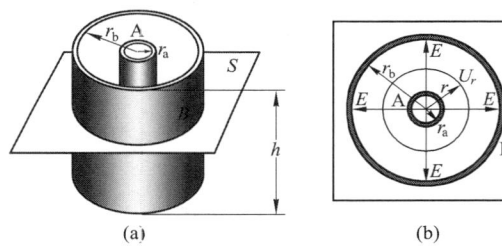

图 5-2 两共轴无限长均匀带电圆柱体间的静电场

如图 5-2(b),当 $r_a < r < r_b$ 时,电荷均匀分布的两同轴无限长圆柱体内距轴心距离为 r 的场强大小为

$$E = C \frac{1}{r} \tag{5-2}$$

式中 C 由圆柱体上的线电荷密度决定。将式(5-2)代入式(5-1)可得

$$U_r = U_a - \int_{r_a}^{r} E \, dr = U_a - C \ln \frac{r}{r_a} \tag{5-3}$$

在 $r = r_b$ 处,电势值 $U_r = U_b$ 代入式(5-3)有

$$U_b = U_a - C \ln \frac{r_b}{r_a}$$

整理后可得

$$C = \frac{U_a - U_b}{\ln \dfrac{r_b}{r_a}} \tag{5-4}$$

将此式代入式(5-3),并取 $U_a = U_0$,$U_b = 0$,整理后可得

$$U_r = U_0 \frac{\ln\frac{r_b}{r}}{\ln\frac{r_b}{r_a}} \quad \text{即} \quad r = \frac{r_b}{\left(\frac{r_b}{r_a}\right)^{\frac{U_r}{U_0}}}$$

或
$$r = r_b \left(\frac{r_a}{r_b}\right)^{\frac{U_r}{U_0}} \tag{5-5}$$

将式(5-5)方程两边取自然对数的形式可得

$$\ln r = \ln r_b + \frac{U_r}{U_0} \ln \frac{r_a}{r_b} \tag{5-6}$$

式(5-5)和式(5-6)即为两共轴无限长均匀带电圆柱体间静电场中任意点 P 的电势 U_r 与该点距轴心的距离 r 的函数关系式。

[**实验步骤**]

1. 描绘两个带电系统静电场的等势线和电场线

(1) 取两个点电荷的电极板,接入电源。

(2) 取两极间的电势差为 10 V,分别记录 $U = 2$ V、3 V、4 V、5 V、6 V、7 V、8 V 的等势线上各点的坐标,每条等势线取 9 个等电势点。

(3) 将电势相等的点连成光滑的曲线,即得一条等势线。

(4) 根据电场线与等势线正交的关系,画出相应的电场线分布图。

(5) 将电极板改为点电荷与条形电极、条形电极与条形电极两种情形。重复步骤(2)、(3)、(4)。

2. 描绘同轴带电圆柱面电极间的等势线和电场线

(1) 取同轴带电圆柱面电极板,接入电源。

(2) 取两极间的电势差为 10 V,记录 $U = 2$ V、3 V、4 V、5 V、6 V、7 V、8 V、9 V 的等势线上各点的坐标,每条等势线至少取 9 个等势点。

(3) 分别描绘各等势线和电场线。

(4) 用理论公式计算各条等势线的半径 r,并与记录的坐标相比较,求相对误差。

[**数据记录与处理**]

表 5-2　等势线半径测量记录(取 AB 电极间的电压有效值:
$U_0 = 10.00$ V, r_i 用游标卡尺测量)

U_r(V)	r_i(mm) \ n	1	2	3	4	5	6	7	8	9	$\bar{r}_i$(mm)
	2.00										
	3.00										
	4.00										
	5.00										

续 表

U_r(V)	r_i(mm) \ n	1	2	3	4	5	6	7	8	9	$\bar{r}_i$(mm)
	6.00										
	7.00										
	8.00										

[注意事项]

用探针描点时不要过于用力,以免改变位置。

[思考题]

(1) 用稳恒电流场模拟静电场的理论依据是什么?
(2) 电场线与等势线有何关系?电场线起于何处,止于何处?
(3) 电压表内阻对测量结果有何影响?
(4) 等势线的疏密说明了什么?
(5) 实验时电源电压取不同值,等势线的形状是否发生变化?电场强度和电势是否发生变化?

实验六 惠斯通电桥的原理和使用

[实验目的]

(1) 掌握惠斯通电桥的原理和使用方法。
(2) 了解半导体体温计的原理和标度方法。

[实验器材]

箱式惠斯通电桥、万用电表、检流计、微安计、带标准温度计的可调式恒温箱、标准电阻箱、热敏电阻、标准电阻、变阻器、电源、单刀单掷开关、单刀双掷开关、导线等。

[仪器描述]

1. QJ23 型箱式惠斯通电桥　箱式惠斯通电桥是把电阻箱、检流计、电池、开关及电桥电路都装入箱内,以便于携带,以 QJ23 型直流电桥为例,电路简图如图 6-1 所示,其面板如图 6-2 所示。比率臂 $\left(\dfrac{R_1}{R_2}\right)$ 由 8 个精密电阻器组成,用一个旋钮调节,度盘示值可以从 0.001 改变到 1 000,共 7 档。调节臂 R 由 4 个十进位电阻器盘组成,R 可取 1~9 999 Ω 的任一整数值。R_x 接线柱两端接待测电阻,B_+ 和 B_- 为外接电源的接线端钮。检流计 G 用以指示电桥平衡与否,检流计上有调零旋钮,测量前若指针不指零点,则可旋动调节旋钮使之指零。测量时,先用万用电表粗测待测电阻值 R_x,再选取合适的比率臂 S,比率臂选取的原则是使调节臂的 4 个旋钮都能起到作用(取 4 位有效数字),即使得 $S\times 1\,000$ 的数量级与 R_x 相同。当 R_x 之间接上待测电阻后,调节调节臂,使电桥平

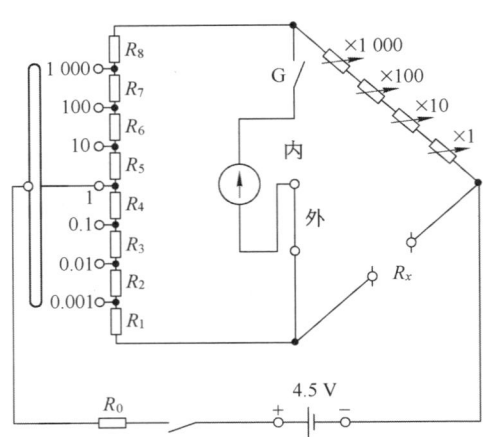
图 6-1　QJ23 型箱式惠斯通电桥电路图

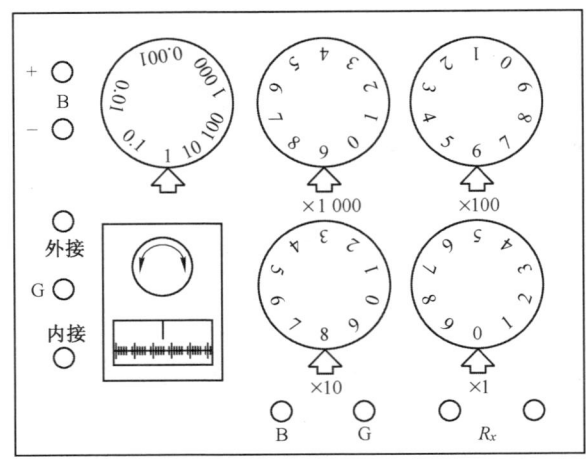
图 6-2　QJ23 型箱式惠斯通电桥面板图

衡,根据测得的调节臂标准电阻值 R,就可得到 $R_x = \dfrac{R_1}{R_2} R = SR$。

2. **半导体体温计的标度** 热敏电阻是一个半导体变阻元件,它的电阻值随温度 t 的升高而降低,且两者有一一对应的关系。现在把它作为感温元件,接入电桥的 AC 臂,即为 R_1,如图 6-3 所示。保持电阻 R_2、R_3、R_4 和 R 以及电源电动势 ε 等值不变,则微安计 μA 中流过的电流值 I 将只随 R_1 的变化而变化,且 I 与 R_1 之间有一一对应的关系 $I = I(R_1)$。在实际应用中,我们对具体的函数形式并不关心,所以尽管图 6-3 中用的是分压线路,本质

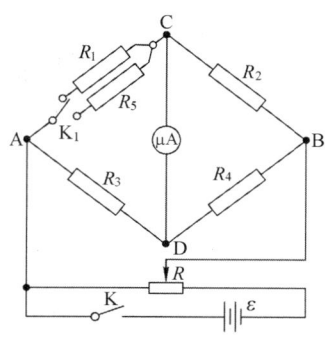

图 6-3 半导体体温计原理

上仍和图 6-4 一样,只是 $I(R_1)$ 的表达式与 I_g 不同,而 $R_1 = R_1(t)$,这样微安计的读数 I 就与温度 t 成一一对应关系。如果把微安计的读数标成相应的温度值,就成了一个直读式温度计了。

对于半导体体温计,为了充分利用表头,使刻度尽可能精细,热敏电阻的工作温度被限制在 35~42℃,其阻值也在 $R_{35} \geqslant R_1 \geqslant R_{42}$ 之间变化,且当所用热敏电阻一定时,它们的值也一定。在 $t = 35℃$ 时,$R_1 = R_{35}$,微安计指针不偏转(零点处的刻度就为 35℃),此即电桥平衡状态,有 $\dfrac{R_{35}}{R_3} = \dfrac{R_2}{R_4}$,只要选择适当 R_2、R_3、R_4 的值使上式成立即可。一般在设计制作时就已选定 $R_2 = R_3 = R_4 = R_{35}$,不必再调。在 $t = 42℃$ 时,$R_1 = R_{42}$,微安计应达满偏(满偏刻度为 42℃),此时,因为 R_{42}、R_2、R_3、R_4 都已确定,所以只有靠调节可变电阻 R 来使 $I = I(\varepsilon, R_1)$ 达到满偏。又因为 ε、R 值并非总是恒定,R_{42} 又非随时可得,所以在半导体体温计中选用一阻值 $R_5 = R_{42}$ 的标准电阻与热敏电阻 R_1 并入 AC 臂(图 6-3),通过单刀双掷开关 K_1 转换。每次启用体温计时,把 K_1 掷向 R_5,调节可变电阻 R 使微安计达到满偏。此即所谓启用前的"校准"。R 一经调定,不能再动,以确保 $I = I(R_1)$ 的关系恒定。

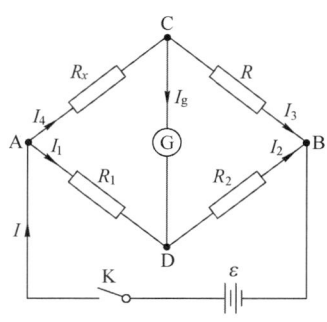

图 6-4 惠斯通电桥原理图

[**实验原理**]

惠斯通电桥是一种测量电阻的精密仪器,如图 6-4 所示为其测量原理图。它是由四个桥臂电阻、一个电源和一个检流计组成。其中,R_1、R_2 为已知标准电阻,称"比率臂"。R 为可变标准电阻(电阻箱),称"调节臂"。R_x 为被测电阻,称"测量臂"。C、D 间接检流计。接通电路后,检流计一般不示零,说明 C、D 两点电势不相等,通过调节 R_1、R_2、R 使电桥达到平衡,此时 C、D 两点电势相等,即电桥达到平衡。这时

$$R_x = \dfrac{R_1}{R_2} R$$

在上式中,如果 R_1、R_2 和 R 都是已知的,那么可算出待测电阻 R_x。测量精度主要受检流计 G、R_1、R_2 及 R 的精度的影响。

[实验步骤]

1. 用箱式惠斯通电桥测电阻

1) 将热敏电阻 R_1 置于恒温箱中,温度调到 35℃,用万用电表测得 R'_{35},再将热敏电阻接于面板上 R_x 两接线柱之间。选择比率臂 S 使得 $S \times 1\,000$ 的数量级与 R'_{35} 相同,利用调节臂 4 个旋钮调节 R,使 $R' \times S = R'_{35}$。

2) 先将闸刀开关 BA、GA 依次关闭。

3) 先揿按钮 B、后揿按钮 G(断开时应先放按钮 G,后放按钮 B,以免冲击电流过大,损坏检流计),视检流计的偏转情况,依次调节比率臂和调节臂各旋钮,直至电桥平衡。此时有 $R_{35} = S \times R$(一般这时的 R 与开始时选定的 R' 不同)。

4) 将恒温箱温度调到 42℃,重复上述步骤,测得 R_{42}。

5) 拆下热敏电阻,将面板上检流计锁扣推上(以免震断悬丝),各闸刀拉开,各旋钮复原指零。

2. 半导体体温计的定标

1) 根据前面测得的 R_{35}、R_{42},选择适当的电阻 R_2、R_3、R_4、R_5。一般取 $R_2 = R_3 = R_4 = R_5$。但是这条件很难满足,为消除电阻值误差带来的影响,可在 BC 臂上加串一个可变电阻 r,接成图 6-5 所示电路。当 R_2、R_3、R_4 不完全相等时,微调 r 可使电桥达到平衡。$R_5 = R_{42}$ 一定要精确,可用上述步骤中标注的办法测得的 R 代替 R_5。

2) 置热敏电阻 R_1 于恒温箱中,保持温度 $t = 35℃$,K_1 掷向 R_1,调节 r 使电桥平衡,平衡后保持 r 不变。

3) 调节恒温箱温度为 $t = 42℃$,调节变阻器 R,使微安计达满偏,并保持 R 不变,把 K_1 掷向 R_5。此时微安计也应达满偏。否则,要检查原因,重新确定 R_5。

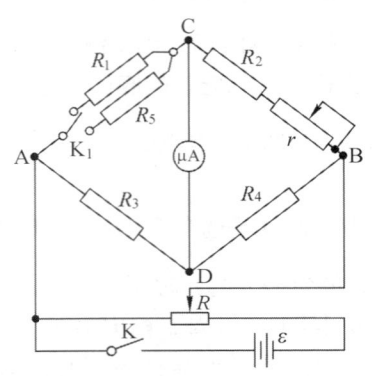

图 6-5 半导体体温计线路图

4) 使恒温箱逐渐降温,每隔 1℃(或更小,如 0.5℃、0.1℃ 等)停留一次,列表记录指针偏转的角度位置,直到 $t = 35℃$ 为止。

5) 使恒温箱逐渐升温,重复实验步骤 4)的做法,直到 $t = 42℃$ 为止。

6) 取两次记录的平均值,作为该温度所对应的偏转值,在表面上该处刻上该温度值,就完成了体温计的定标工作。

需要说明的是,由于在微安计表面上的指针偏转处一一刻上与此相对应的温度值比较困难,故改为利用微安计原有刻度做标准曲线的办法来间接定标。方法是取正交坐标系的横轴为温度 t 轴,纵轴为指针偏转格子,将步骤 6)所得的一组组数据在方格纸上描点,再连成一光滑曲线。利用这一标准曲线,测得偏转的格子,就可得到一个相应的温度值。

[注意事项]

(1) 测电阻时,注意保护检流计。

(2) 使用惠斯通电桥时,注意电阻丝的保护。

(3) 测量时,如果发现是因为电源不足,检流计摆动不灵敏或是微安计调不到满偏,此时应更换新电源。更换时注意电源极性。

[**思考题**]

(1) 推导电桥的平衡条件。

(2) 利用基尔霍夫定律求图 6-3 中通过微安计的电流 I，并说明 $I=I(R_1)$ 和 $I=I(\varepsilon, R_1)$ 的条件是什么？

(3) 本实验在什么情况下有可能损坏检流计，如何保护？

(4) 在测量电阻 R_1 时，是否可能损坏滑线式电桥，如何保护？

(5) 在使用箱式惠斯通电桥时，为什么要使调节臂的 4 个旋钮都起作用？

(6) 半导体体温计启用前，变阻器 R 的阻值应调得大些还是小些(图 6-3)，为什么？

(7) 为什么半导体体温计每次启用时都要调整 R 值来校准，校准后为什么不得再变动 R 的值？

实验七　电表改装和万用电表的使用

[实验目的]

(1) 掌握将微安表改装成电流表、电压表和欧姆表的原理和方法。
(2) 掌握正确使用万用电表测量直流电流和交、直流电压及导体电阻的方法。
(3) 了解数字万用电表的正确使用方法。

[实验器材]

微安表、指针式万用电表、数字式万用电表、测量电路板、二极管、电阻箱、干电池 2 节、电阻 2 只。

[仪器描述]

万用电表是一种多功能、多量程的测量仪表,一般可测量直流电流、直流电压、交流电流、交流电压、电阻和音频电平等。万用电表按显示方式分为指针式万用电表和数字式万用电表。

1. **指针式万用电表**　由表头(图 7-1)、选择旋钮和测量电路等三个主要部分所组成。表头的读数盘上有两条常用的刻度线。标有 Ω 的刻度线是表示电阻的刻度;另一条刻度线标有 ≃mA·V 等符号,表示交、直流电压和直流毫安的刻度。

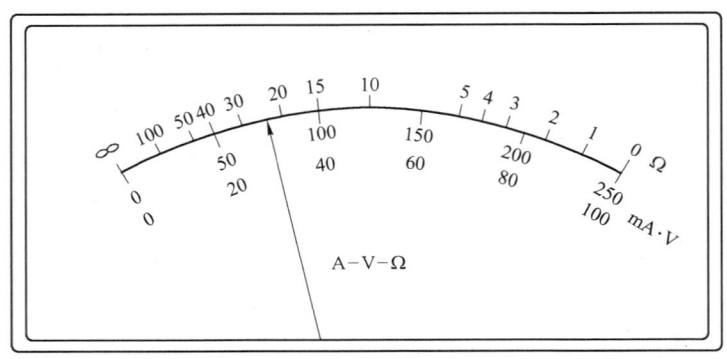

图 7-1　万用电表表头指针刻度图

选择旋钮是用来选择万用电表所测量的项目和量程。例如,当选择旋钮旋到 Ω 区的"×10"档时,测得的电阻值等于指针在刻度线上的读数×10。又如,当选择旋钮转到 V 区的 25 V 档时,表示指针偏转到满刻度的电压为 25 V。此时如果指针指在图 7-1 所示位置,从满刻度为 250 V 的标尺上读得是 75 V。由于实际量程为 25 V,所以实际读数应为 $75 \times \dfrac{25}{250} = 7.5$ V。若从第二行满刻度为 100 V 标尺读得 30 V,则实际读数为 $30 \times \frac{25}{100} = 7.5$ V,两次结果相同。以此类推,如果选择旋钮指在 mA 区 2.5 mA 档时,则图示的读数应为 $75 \times \frac{2.5}{250} = 0.75$ mA。测量交流电压时,读数的方法相同,读得的是交流电压的有效值。

测量前如发现指针偏离刻度线左端的零点时,可转动机械调零螺丝进行调整。

2. 数字式万用电表 面板如图 7-2 所示,它读数准确,在强磁力作用下也能正常工作,并且还有过荷输入显示器。因此,它的使用越来越广泛。

测量直流电压(或交流电压)时,先将选择旋钮旋至 DCV(或 ACV)区域的适当量程。将黑表棒接入公共(COM)插孔,红表棒连接于"V-Ω"插孔,从显示窗直接读数。

在测量直流电流(或交流电流)时,若待测值小于 200 mA,则将红表棒接在"mA"插孔,黑表棒与公共插孔相连接,选择旋钮置于相应量程处。若待测值超过 200 mA,则将红表棒改接在"10 A"插孔,选择旋钮旋至 $\frac{20\text{ m}}{10\text{ A}}$ 位置,显示窗上读数即为测量值。

测量电阻时,两表棒插孔的位置与测电压时相同,将选择旋钮旋到"Ω"区域的适当量程,然后直接从显示窗中读出电阻值。

值得注意的是在测量时,先要估计被测值,不要让它超出测量范围。若显示"1"或"-1"时,表明测量值超出测量范围。

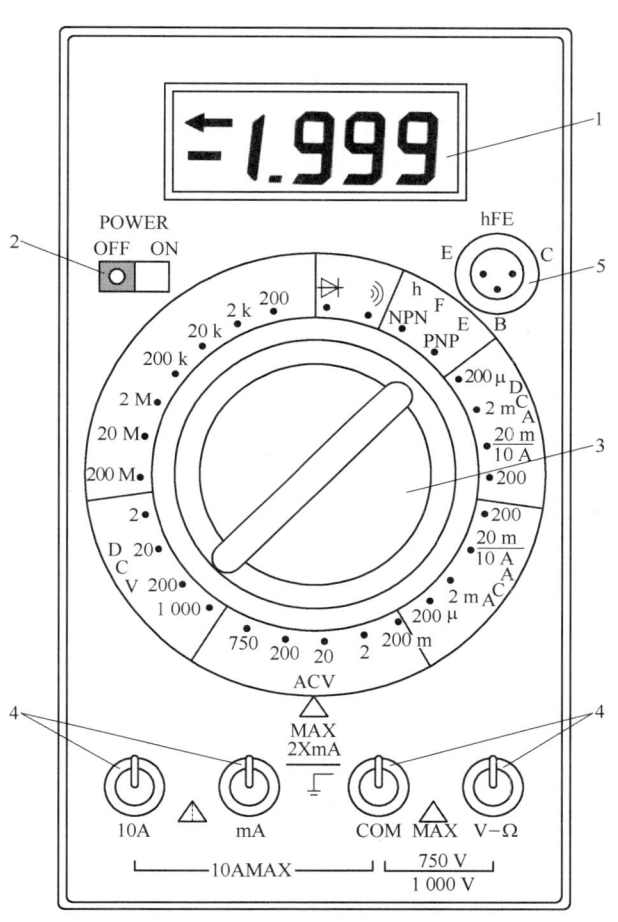

图 7-2 DT-831 数字式万用电表
1. 液晶显示 2. 电源开关 3. 选择旋钮
4. 输入插孔 5. 测 hFE 插座

[**实验原理**]

1. 用微安表改装成较大量程的电流表

(1) 电流表量程的扩大:如果要把量程为 I_g 的微安表(也称表头)改装成量程为 I 的电流表,我们可根据并联电路的分流作用来扩大量程,如图 7-3 所示。图中 R_s 为并联低电阻,称为分流电阻。根据欧姆定律得

$$R_s = \frac{I_g R_g}{I - I_g} = \frac{R_g}{n-1} \tag{7-1}$$

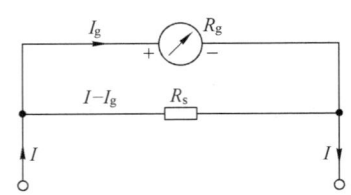

图 7-3 电流表扩大量程的原理图

式中，R_g 为表头的内阻；$n=I/I_g$ 是量程扩大的倍数。由式(7-1)可知，改装后电流表的量程越大，并联的分流电阻值越小。

例如，表头的量程为 $I_g=100\,\mu A=0.0001\,A$，$R_g=1000\,\Omega$，为了要改装成量程为 1 A 的电流表，则 $n=1/0.0001=10000$，根据式(7-1)，得出

$$R_s=\frac{1000}{10000-1}\approx 0.1\,\Omega$$

显然，电流表的总内阻 R_A 等于 R_s 和 R_g 的并联值，可用并联电阻公式算出 $R_A\approx 0.1\,\Omega$。可见，电流表的总内阻是很小的。用电流表测量电路中的电流时，总是把它串联在电路里，由于 R_A 很小，串入电路后，对原电路的电流改变很小。

(2) 多量程电流表的原理：通常把表头和几个不同的分流电阻并联，组成多量程电流表。图 7-4 为两量程电流表的线路图，图中 c 为公共端，若用 a、c 两端时，量程为 I_2；用 b、c 两端时，量程为 I_1。现计算分流电阻 R_1 和 R_2 的值。设 $R_s=R_1+R_2$，由图 7-4 得出

$$(I_1-I_g)R_1=I_g(R_g+R_2)$$

化简得

$$R_1=\frac{I_g}{I_1}(R_g+R_s)$$

又由

$$(I_2-I_g)R_s=I_gR_g$$

化简得

$$R_2=\frac{I_g}{I_2}(R_g+R_s)-R_1$$

万用电表的电流挡有若干个量程就是根据这个原理设计的。

2. 用微安表改装成电压表

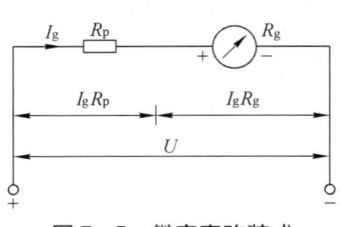

图 7-5 微安表改装成电压表的原理图

(1) 微安表改装成电压表的原理：电压表即伏特计，可用表头串联一只高电阻 R_p 组成(图 7-5)。设改装后电压表的量程为 U，当表头的指针偏转到满刻度时，通过表头的电流为 I_g，所以降落在表头两端的电压 $U_g=I_gR_g$，而大部分电压 $U-U_g$ 降落在串联的高电阻 R_p 上，因此 R_p 称为分压电阻。根据欧姆定律 $U-U_g=I_gR_p$ 可得

$$R_p=\frac{U}{I_g}-R_g \tag{7-2}$$

例如，表头的 $I_g=0.0001\,A$，$R_g=1000\,\Omega$，把它改装成量程为 $U=50\,V$ 的电压表，所需串联的

高电阻为 $R_p = \dfrac{U}{I_g} - R_g = \dfrac{50}{0.0001} - 1\,000 = 499\,000\ \Omega$，电压表的总内阻为 $R_v = R_p + R_g = 500\,000\ \Omega$

可见电压表的内阻是很高的。用电压表测量电压时，总是把它并联在被测电路中，红表棒搭在高电位，黑表棒搭在低电位。由于 R_v 很大，并联后实际上不会改变原电路的电压。

(2) 多量程电压表的原理：把表头配上不同的分压电阻，就可构成不同量程的电压表。如图 7-6 就是有两量程 (U_1 和 U_2) 电压表的原理图。分压电阻的阻值可用下列公式计算

$$R_{p1} = \dfrac{U_1}{I_g} - R_g, \quad R_{p2} = \dfrac{U_2}{I_g} - (R_g + R_{p1})$$

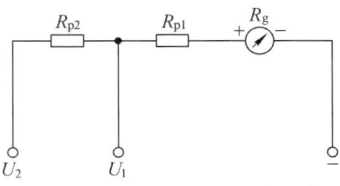

图 7-6　两量程电压表的电路图

(3) 交流电压表的原理：直流电压表采用磁电式表头，不能直接用来测量交流电压，必须配以整流器，将交流电变成直流电后，方能在表头上指示出来，图 7-7 所示为用晶体二极管 D 作为半波整流电路的交流电压表。由于交流电压在实用上是用有效值来表示的，所以电表的刻度也是有效值。

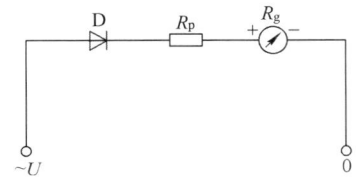
图 7-7　交流电压表的原理图

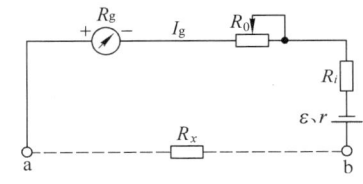
图 7-8　欧姆表的原理图

3. **用微安表改装成欧姆表**　图 7-8 是欧姆表的原理电路，它由表头、电池、电阻 R_i 和调零电阻 R_0 组成。a、b 两端即红、黑两表棒之间可接入待测电阻 R_x。测量前，先把两表棒短路即 $R_x = 0$。调节调零电阻 R_0 使表头指针指到刻度线右端的满刻度，即欧姆表的零点。此时，电路中的电流

$$I = I_g = \dfrac{\varepsilon}{R_g + R_0 + R_i + r} = \dfrac{\varepsilon}{R_z} \tag{7-3}$$

式中 $R_z = R_g + R_0 + R_i + r$ 称为欧姆表的综合电阻。这一步骤称为欧姆表的调零。

测量未知电阻 R_x 时，将它接入两表棒之间，则电路中的电流为

$$I = \dfrac{\varepsilon}{R_x + R_z} \tag{7-4}$$

从式 (7-4) 可见，当 ε 和 R_z 恒定时，I 仅随 R_x 而变化，它们之间有一一对应的关系。如果在刻度线上不同位置刻出相应的电阻值，那么在测量未知电阻时就可以在刻度线上直接读出被测电阻的数值。从式中还可以看出，R_x 越大，I 越小，表头指针偏转的角度越小，刻度的间隔也越小。当 $R_x \to \infty$，即 a、b 间开路时，$I \to 0$ 指针在刻度线左端位置不动，所以刻度线左端的欧姆刻度为 ∞。
当 $R_x = R_z$ 时，$I = \dfrac{\varepsilon}{2R_z} = \dfrac{1}{2} I_g$，指针将在刻度线的中央，所以 R_z 又称为中值电阻。

综上所述，当 R_x 在 0 到 ∞ 之间变化时，指针将在刻度线右端到左端位置间变化，正好与电流

表、电压表的刻度相反。另外，标尺的刻度是不均匀的，R_x 越大，刻度越密。读数时必须注意。

为了精细地读数，万用电表中欧姆档都有多种档位。不同档次的中值电阻是不同的，档位之间通常采用十进制。具体线路较复杂，不在这里讲述了，测量时，应尽量选用 R_x 在该档的中值电阻附近以此确定合适的档次。

需要指出的是，由于新旧电池内阻 r 的变化，或者在换挡使用时，由于电路参数的变化，式(7-3)的条件往往不能满足。即当 $R_x=0$ 时，电路中的电流将不等于 I_g，表头的指针并不指在刻度线右端的零欧姆处，产生了系统误差。因此，测量前必须通过调零，以改变 R_0 的阻值来满足式(7-3)的要求。

[**实验步骤**]

1. **指针式万用电表的使用**

(1) 直流电压测量

1) 测量方法：先把转换开关调至"V"范围内的合适档位上，再把万用电表并联在待测电压的两端，红表棒接高电位，黑表棒接低电位。如估计不出待测电压的大约数值和待测电压两端电位的高低时，可把转换开关调至直流电压的最大挡，再把表棒在待测电压两端接触一下，观察指针偏转方向是否正确，然后根据指针指示值的大小，调到合适的量程档进行测量。

2) 测量内容：在限流分压装置 EH 的两端接上直流电压 24 V（图 7-9），分别测量 EF、EG、EH、FG、FH、GH 两端的电压。

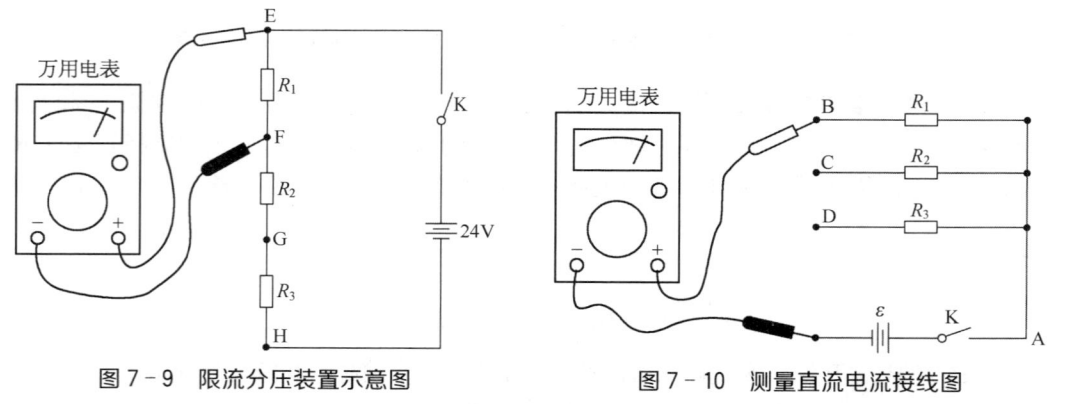

图 7-9　限流分压装置示意图　　　图 7-10　测量直流电流接线图

(2) 交流电压测量

1) 测量方法：先根据待测电压的大约数值，把转换开关调至"$\underset{\sim}{V}$"区的合适档位上。如果待测电压大于 10 V，则利用≃V 标度线进行读数。如果待测电压小于 10 V，则利用"10 $\underset{\sim}{V}$"档标度进行读数。

2) 测量内容：在限流分压装置 EH 的两端接上交流电压 24 V，分别测量 EF、EG、EH、FG、FH、GH 两端的电压。

(3) 直流电流测量

1) 测量方法：先把转换开关调至"mA"或"μA"范围内的合适的档位上，再把万用电表串联在待测电路内。要注意电路中电流方向，应使电流从红表棒进，从黑表棒出。利用≃mA·V 标度线读数。

2) 测量内容：将限流分压装置 R_1、R_2、R_3 与电池和万用电表连接，如图 7-10 所示。用万用

电表分别测出通过 R_1、R_2、R_3 的直流电流。

(4) 电阻测量

1) 测量方法：先把转换开关调至测量电阻"Ω"范围内的某档上，如"×1 k"档，再把两表棒相互接触，指针即顺时针方向偏转，调节电阻调零旋钮，使指针指在电阻标度线的零位上（如换挡，则调零工作需要重新进行）。把两表棒搭在待测电阻两端，就可在电阻标度线上读得指针所指的数值，再乘以转换开关所指的倍数（如"×1 k"档即读数乘以 1 000）就得到所测电阻的阻值。

2) 测量内容：分别测量限流分压装置上的电阻 R_1、R_2、R_3、R_4、R_5、R_6 的阻值。

2. **电表的改装**

(1) 将量程为 1 mA 的电流表改装成量程为 10 mA 的电流表

1) 根据电流表的内阻 R_g 及式(7-1)算出并联分流电阻 R_s 的值。

2) 在电阻箱上选好阻值 R_s，将它并联到电流表的两端，即可得到量程为 10 mA 的电流表。

3) 用改装后的电流表串联在电路板的电路里（图 7-11），测出电流值。再用万用电表测量，比较两次的结果。

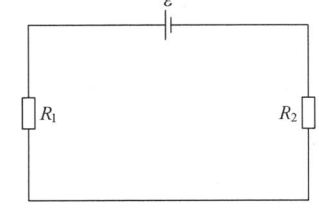

图 7-11　串联电路图

(2) 将量程为 1 mA 的电流表改装成量程为 2 V 的电压表

1) 按式(7-2)算出所需串联电阻 R_p 的阻值。

2) 在电阻箱上选好阻值 R_p，将它与电流表串联，即成一只量程为 2 V 的电压表。

3) 用改装好的电压表测量电路板上电阻两端的电压值，再用万用电表测量，比较其结果。

[**数据记录与处理**]

表 7-1　直流电压测量

测量点		E、F 点间	E、G 点间	E、H 点间	F、G 点间	G、H 点间
使用量程						
数据	1					
	2					

表 7-2　交流电压测量

测量点		E、F 点间	E、G 点间	E、H 点间	F、G 点间	G、H 点间
使用量程						
数据	1					
	2					

表 7-3　直流电流测量

测量点		接通 B 点	接通 C 点	接通 D 点
使用量程				
数据	1			
	2			

表 7-4 电 阻 测 量

电阻		R_1	R_2	R_3	R_4	R_5	R_6
使用量程							
数据	1						
	2						

[注意事项]

(1) 在测量电阻时,人的两手不要同时和测试棒一起搭在内阻的两端,以避免人体电阻的并入。

(2) 若使用"×1"档测量电阻时,应尽量缩短万用电表使用时间,以减少万用电表内电池的电能消耗。

(3) 测电阻时,每次换挡后都要调节零点。若不能调零,则必须更换新电池。切勿用力再旋电阻调零旋钮,以免损坏。此外,不要双手同时接触两支表棒的金属部分,测量高阻值电阻更要注意。

(4) 在电路中测量某一电阻的阻值时,应切断电源,并将电阻的一端断开。不能用万用电表测电源内阻。若电路中有电容,应先放电。也不能测额定电流很小的电阻(如灵敏电流计的内阻等)。

(5) 测直流电流或直流电压时,红表棒应接入电路中高电位一端(或电流总是从红表棒流入电表)。

(6) 测量电流时,万用电表必须与待测对象串联;测电压时,它必须与待测对象并联。

(7) 测电流或电压时,手不要接触表棒金属部分,以免触电。

(8) 绝对不允许用电流档或欧姆挡去测量电压!

(9) 试测时应用跃接法,即在表棒接触测试点的同时,注视指针偏转情况,并随时准备在出现意外(指针超过满刻度或指针反偏等)时,迅速将表棒脱离测试点。

(10) 测量完毕,务必将"转挡开关"拨离欧姆挡,应拨到空挡或最大交流电压挡,以保安全。

[思考题]

(1) 为什么不同档的欧姆表可使用同一条刻度线?

(2) 一只内阻为 R_g,量程为 U 伏的电压表,如何改装成量程为 $I\left(I \geqslant \dfrac{U}{R_g}\right)$ 的电流表?

实验八 数字存储示波器的原理和使用

[**实验目的**]

(1) 了解数字存储示波器的结构和工作原理。
(2) 熟悉示波器面板控制件的作用和使用方法。
(3) 掌握用示波器观察波形、测量电压和频率的方法。
(4) 掌握用示波器观察李萨如图形的方法。

[**实验器材**]

UTD2062CE 数字存储示波器、SG1020S 双路数字合成信号发生器。

[**仪器描述**]

1. **UTD2062CE 数字存储示波器** 为小型、轻便的台式数字存储示波器(图 8-1),提供简单而功能明晰的前面板,面板上包括旋钮和功能按键。显示屏(图 8-2)右侧的一列 5 个按键为菜单操作键(自上而下定义为 F1 键至 F5 键),通过它们可以设置当前菜单的不同选项。其他按键为功能键,通过它们可以进入不同的功能菜单或直接获得特定的功能应用。

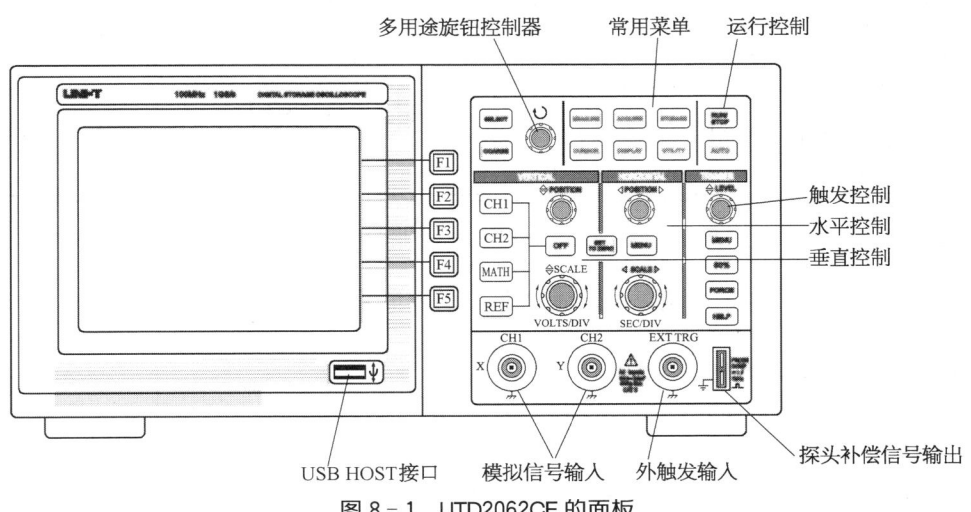

图 8-1 UTD2062CE 的面板

2. **SG1020S 双路数字合成信号发生器** 如图 8-3 所示,其采用直接数字合成(DDS)技术,内部含有直接数字合成高精度电路。能输出 0~20 MHz 的正弦、方波、三角波、脉冲波以及一些调制、扫描波和键控波形,并都伴有标准 TTL 信号输出。仪器采用全中文化交互式菜单和灵活舒适

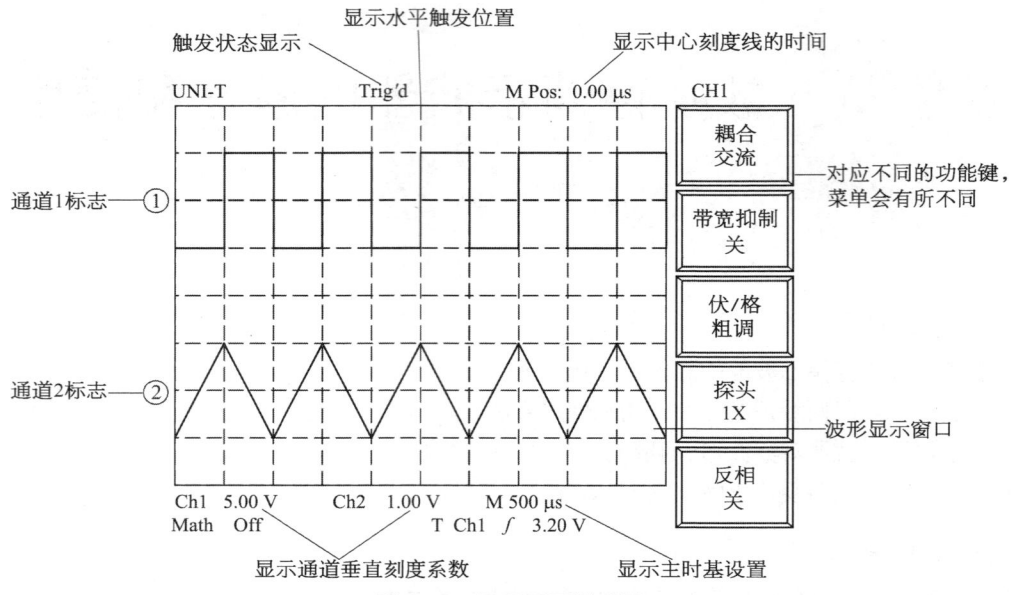

图 8-2 显示界面说明图

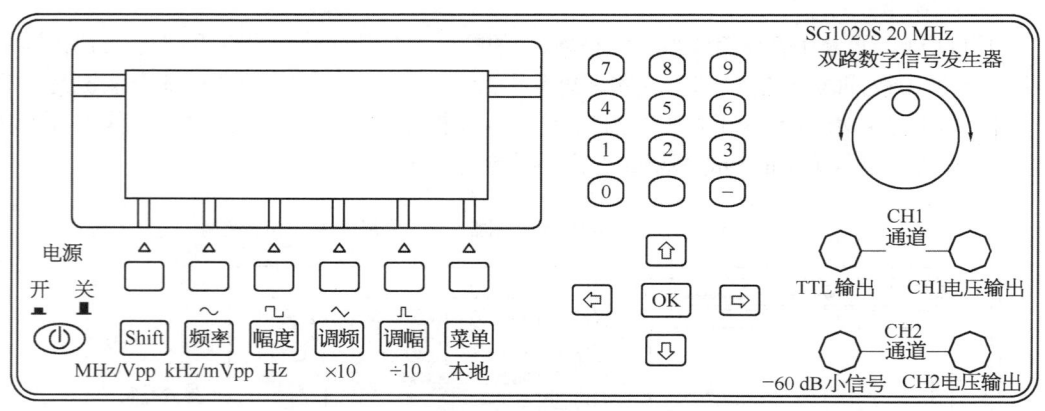

图 8-3 SG1020S 双路数字合成信号发生器的面板

的按键,显示方面主要采用分级式菜单,按键方面主要采取分组规划、统一功能模式。

[实验原理]

1. 数字存储示波器的原理 数字存储示波器与模拟示波器不同在于信号进入示波器后立刻通过高速 A/D 转换器将模拟信号前端快速采样,存储其数字化信号。并利用数字信号处理技术对所存储的数据进行实时快速处理,得到信号的波形及其参数,并由示波器显示,从而实现模拟示波器功能。其不仅测量精度高,而且可以存储和调用显示特定时刻信号。

一个典型的数字存储示波器原理框图如图 8-4 所示,模拟输入信号先适当地放大或衰减,然后再进行数字化处理。数字化包括"取样"和"量化"两个过程,取样是获得模拟输入信号的离散值,而量化则是使每个取样的离散值经 A/D 转换成二进制数字。最后,数字化的信号在逻辑控制电路的控制下依次写入到存储器(RAM)中,CPU 从存储器中依次把数字信号读出并在显示屏上显示相应的信号波形。GPIB 为通用接口总线系统,通过它可以程控数字存储示波器的工作状态,并使内部存储器和外部存储器交换数据成为可能。

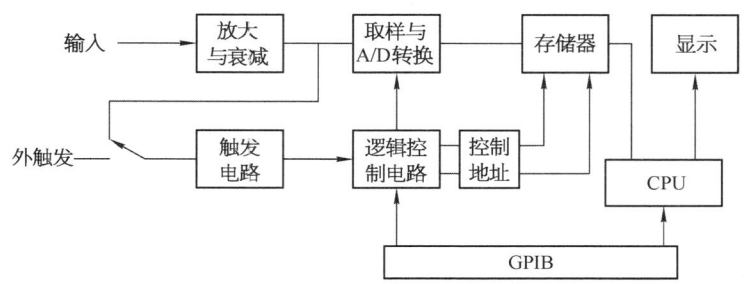

图 8-4 数字存储示波器原理图

由此可见,数字示波器必须要完成波形的取样、存储和波形的显示,另外为了满足一般应用的需求,几乎所有微机化的数字示波器都提供了波形的测量与处理功能。

(1) 波形的取样和存储:由于数字系统只能处理离散信号,所以必须对模拟连续波形先进行抽样,再进行 A/D 转换。根据采样定理,只有抽样频率大于要处理信号频率的两倍时,才能在显示端理想地复现该信号。

连续信号离散化通过如图 8-5 所示的取样方法完成:把模拟波形送到加有反偏的取样门的 a 点,在 c 点加入等间隔的取样脉冲,则对应时间 $t_n(n=1,2,3,\cdots)$,取样脉冲打开取样门的一瞬间,在 b 点就得到相应的模拟量 $a_n(n=1,2,3,\cdots)$。这个模拟量就是离散化了的模拟量,把每一个模拟量进行 A/D 转换,就可以得到相应的数字量,如 $a_1 \to A/D \to 01H, a_2 \to A/D \to 02H, a_3 \to A/D \to 03H\cdots$ 如果把这些数字量按序存放在存储器中,就相当于把一幅模拟波形以数字量存储起来。

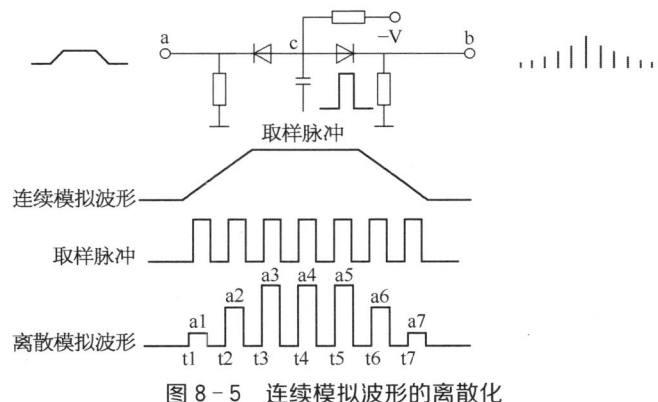

图 8-5 连续模拟波形的离散化

(2) 波形的显示:数字存储示波器必须把上面存储器中的波形显示出来,以便用户进行观察、处理和测量。存储器中每个单元存储了一个抽样点的信息,在显示屏上显示为一个点,该点 Y 方向的坐标值决定于数字信号值的大小、示波器 Y 方向电压灵敏度设定值、Y 方向整体偏移量,X 方向的坐标值决定于数字信号值在存储器中的位置(即地址)、示波器 X 方向电压灵敏度设定值、X 方向整体偏移量。为了适应不同波形的观测,智能化的数字存储器有多种灵活的显示方式,如存储显示、双踪显示、插值显示等。

存储显示是示波器最基本的显示方式,它显示的波形是由一次触发捕捉到的信号片断。存储显示还有连续捕捉显示和单次捕捉显示之分,在连续捕捉显示方式下,每满足一次触发条件,屏幕上原来的波形就被新存储的波形更新,而单次捕捉显示只保存并显示一次触发形成的波形。

如果需要显示两个电压波形并保持两个波形在时间上的原有对应关系,可采用交替存储技术以达到双踪显示的效果。即利用存储器写地址的最低位来控制通道开关,轮流对两通道输入信号进行取样和 A/D 转换,其存储方式如图 8-6 所示。当最低位为 1 时,对通道 1 的信号 Y_1 进行采样和转换,并写入技术存储器单元中,读出时先读偶数地址,再读奇数地址,Y_1 和 Y_2 信号便在屏上交替显示。

图 8-6 双踪显示的存储方式

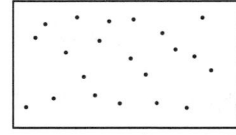 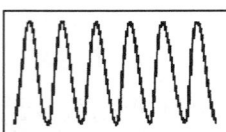

图 8-7 波形的插值显示

示波器屏幕显示的波形由一些密集的点构成,当被观察的信号在一周期内采样点数较少时会引起视觉上的混淆现象,如图 8-7 左图所示的正弦波形就很难辨认。一般认为当采样频率低于被测信号频率的 2.5 倍时,点显示就会造成视觉混淆,为了有效地克服视觉的混淆现象,同时又不降低带宽指标,数字滤波器往往采用插值显示,如图 8-7 右图所示,即在波形上两个测试点数据间进行估值。估值方式通常有矢量插值法和正弦插值法两种。矢量插值法是用斜率不同的直线段来连接相邻的点,当被测信号频率为采样频率的 1/10 以下时,采用矢量插值可以得到满意的效果。正弦插值法是以正弦规律用曲线连接各数据点的显示方式,它能显示频率为采样频率的 1/2.5 以下的被测波形,其能力已接近奈奎斯特极限频率。

(3) 信号的触发:为了实时稳定地显示信号波形,示波器必须重复地从存储器中读取数据并显示。为使每次显示的曲线和前一次重合,必须采用触发技术。信号的触发也称整形或同步,一般的触发方式为:输入信号经衰减放大后分送至 A/D 转换器的同时也分送至触发电路,触发电路根据一定的触发条件(如信号电压达到某值并处于上升沿)产生触发信号,控制电路一旦接收到来自触发电路的触发信号,就启动一次数据采集与 RAM 写入循环。

触发决定了示波器何时开始采集数据和显示波形,一旦触发被正确设定,它可以把不稳定的显示或黑屏转换成有意义的波形。示波器在开始收集数据时,先收集足够的数据用来在触发点的左方画出波形。示波器在等待触发条件发生的同时连续地采集数据,当检测到触发后,示波器连续地采集足够的数据以在触发点的右方画出波形。常见的触发类型有边沿触发和视频触发,常见的触发方式有自动触发、正常触发和单次触发。

2. 两个相互垂直、同频率的简谐振动的合成 当一质点同时参与两个相互垂直方向的简谐振动时,质点的合位移是这两个分振动位移的矢量和。设两个分振动分别在 x、y 轴上进行,分振动的运动学方程为

$$x = A_1 \cos(\omega t + \varphi_1)$$
$$y = A_2 \cos(\omega t + \varphi_2)$$

则质点合振动的轨迹方程为

$$\frac{x^2}{A_1^2} + \frac{y^2}{A_2^2} - \frac{2xy}{A_1 A_2}\cos(\varphi_2 - \varphi_1) = \sin^2(\varphi_2 - \varphi_1)$$

上式所表示的是一个以坐标原点为中心的椭圆轨迹方程,物体运动轨迹的形状大小及长短轴的方位由两个分振动的振幅 A_1、A_2 和初相位差 $(\varphi_2 - \varphi_1)$ 决定。下面分析几种特殊情况:

(1) 若 $\varphi_2 - \varphi_1 = 0$ 或为 π 的偶数倍,即两分振动相位相同,则变为

$$y = \frac{A_2}{A_1}x$$

表明合振动的运动轨迹是通过坐标原点的直线,其斜率为 A_2/A_1。

(2) 若 $\varphi_2 - \varphi_1 = \pi$ 或为 π 的奇数倍,即两分振动相位相反,则变为

$$y = -\frac{A_2}{A_1}x$$

即合振动的轨迹仍是通过坐标原点的直线,其斜率为 $-\frac{A_2}{A_1}$。

(3) 若 $\varphi_2 - \varphi_1 = \pm\frac{\pi}{2}$,则变为

$$\frac{x^2}{A_1^2} + \frac{y^2}{A_2^2} = 1$$

表明合振动的轨迹是一个以 x 和 y 坐标轴为主轴的椭圆。

如果相位差 $\varphi_2 - \varphi_1$ 为其他值时,合振动的运动轨迹一般呈现为取向与形状各不相同的椭圆形,其形状和运动方向由分振动的振幅和相位决定。图 8-8 给出了相位差 $\varphi_2 - \varphi_1$ 为某些特殊值时合振动的轨迹,这些曲线称为李萨如图形。

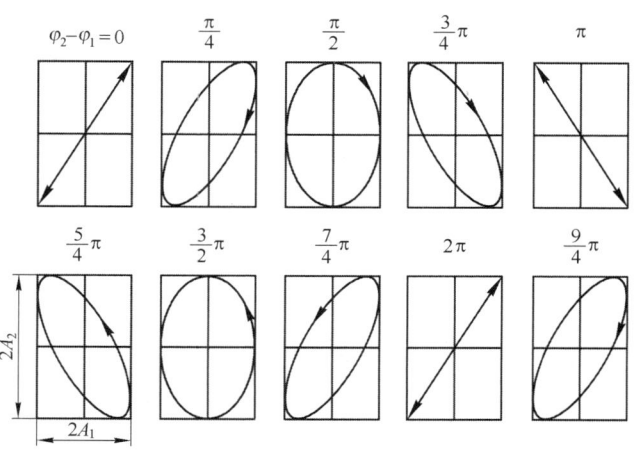

图 8-8　两个相互垂直的同频率不同相位差的简谐振动的合成

[实验步骤]

1. 自校正程序

(1) 接通仪器电源,打开电源开关。

(2) 仪器预热 20 分钟,按 UTILITY 键,执行自校正程序。

2. 探头补偿

(1) 将探头与 CH1 连接,并将探头上的开关置于 10×。

(2) 按 F4 键,将探头菜单衰减系数设定为 10×。

(3) 将探头的探针与探头补偿器的信号输出连接器相连,接地夹与探头补偿器的地线连接器相连。

(4) 按 CH1 键,然后按 AUTO 键,观察显示的波形。

(5) 如波形显示为"补偿不足"或"补偿过度",用非金属手柄的螺丝刀调整探头上的可变电容直到屏幕显示的波形为"补偿正确",如图 8-9 所示。

补偿过度　　补偿正确　　补偿不足

图 8-9　探头补偿

3. 用示波器观察信号并测量电参数

(1) 观察信号发生器输出的三角波、正弦波、方波、脉冲波信号。

(2) 信号发生器输出一个频率为 1 kHz、幅度为 10 V 的正弦波,输入示波器的 CH1 通道。

(3) 分别调节垂直系统和水平系统,使波形显示适中。

(4) 测量信号的峰峰电压。

(5) 测量信号的周期和频率。

4. 李萨如图形的描绘

(1) 信号发生器输出一个频率为 1 kHz、幅度为 10 V 的正弦波,输入示波器的 CH2 通道。

(2) 使用 DISPLAY 键调整显示方式为 XY。

(3) 调节 CH2 通道信号的相位,观察并记录李萨如图形。

(4) 改变 CH2 通道的输出频率,再调节 CH2 通道信号的相位,观察并记录李萨如图形。

[数据记录与处理]

1. 测量信号的峰峰电压

表 8-1　测量信号的峰峰电压

垂直偏转幅度 (div)	垂直偏转系数 (V/div)	峰峰电压 (V)

2. 测量信号的周期和频率

表 8-2　测量信号的周期和频率

水平偏转幅度 (div)	水平时基档位 (S/div)	周期 (S)	频率 (Hz)

3. 李萨如图形的描绘

表 8-3 李萨如图形的描绘

$f_y:f_x$	$\Delta\varphi$	0°	45°	90°	135°	180°	225°	270°	315°
1:1									
2:1									
3:2									

[注意事项]

(1) 仪器正常工作时不要剧烈移动仪器,以免对内部电路造成不可修复的损坏。

(2) 勿让喷雾剂、液体和溶剂沾到仪器或探头上,以免损坏仪器或探头。

(3) 液晶显示屏属于易碎、易腐蚀物品,不要用手触摸及碰撞。液晶表面有污尘时,要用柔软的布料小心擦拭,不要划伤 LCD 保护屏。

[思考题]

(1) 首次使用探头前为什么要进行补偿?

(2) 待测信号输入示波器后图形杂乱或不稳定时,应如何调节才能使图形清晰稳定?

(3) 分析波形显示呈阶梯状的原因。

实验九 密立根油滴实验测电子电量

[实验目的]

(1) 掌握测定电子的电荷值 e 的方法并验证电荷的不连续性原理。

(2) 了解密立根油滴实验仪的操作。

[实验器材]

密立根油滴实验仪。

[仪器描述]

HLD-MOD-V型密立根油滴实验仪的主要技术参数：

平均相对误差	≤3%
极板电压	DC 0~700 V
升降电压	DC 200~300 V
数字电压表	0~999±1 V
数字秒表	0~99.9 s
电源	AC 220 V 50 Hz
显微镜放大倍数	30X

1. **油滴盒** 仪器的重要部件，其结构如图9-1所示。油滴盒防风罩前装有测量显微镜，通过胶木圆环上的观察孔观察平行极板间的油滴。显示屏上装有分划板，竖直方向的四个等间距的总刻度相当于线视场中20 mm，用以测量油滴运动的距离。分划板中间的横向刻度尺是用来测量布朗运动的。

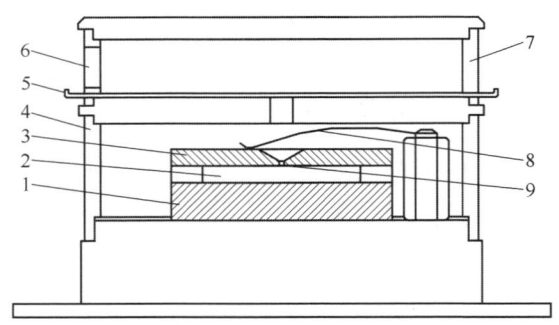

图9-1 密立根油滴实验仪的油滴盒结构

1. 下极板 2. 油滴室 3. 上极板 4. 防风罩 5. 进油量开关
6. 喷雾口 7. 油雾杯 8. 上极板压簧 9. 落油孔

2. **仪器面板结构** 如图 9-2 所示,油滴的控制和下落时间的测量都是通过它来完成的。

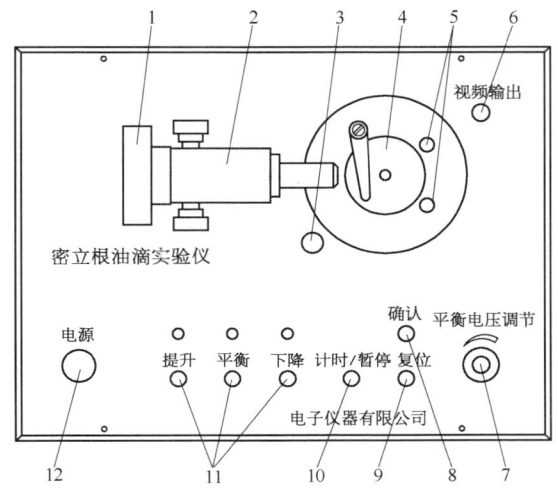

图 9-2 密立根油滴实验仪的面板

1. CCD 摄像头,采集暗盒图像并显示在监视器上 2. 显微镜:放大暗室油滴图像 3. 水泡:调节仪器水平 4. 上、下电极 5. 照明灯室 6. 视频输出插座:CCD 摄像头用,输出至监视器 7. 平衡电压调节旋钮:可调节极板间的电压 8. "确认"按钮,此按钮分为两个功能:① 开启仪器时仪器进入参数显示界面,此时按下按键,仪器进入分划板界面。② 仪器进入分划板界面之后,此时仪器处于测量状态,此时按下一次"确认"按键,记录一次测量数据。记录的平衡电压即屏幕中显示的提示保存电压,时间为屏幕中显示的下落时间,当记录 5 次数据之后,仪器自动计算实验结果,并在屏幕上显示出来,可以提供参考是否合格,此时再次按下"确认"按键,仪器再次进入测量界面,可以重复以上操作 9. 秒表复位键:按一下该键,清除内存,秒表显示"00.0"秒 10. 计时/暂停按钮:开启计时器和停止计时器按键 11. 功能控制开关:有平衡、提升、下降三档(分别配有指示灯显示相应状态) ① 当处于中间位置即"平衡"按钮时,可用平衡电压调节旋钮 7 来调节平衡电压,使被测量油滴处于平衡状态。② 按下"提升"按钮时,上下电极在平衡电压的基础上自动增加 DC200~300 V 的提升电压。③ 按下"下降"按钮时,极板间电压为 0 V,被测量油滴处于被测量阶段而匀速下落,并同时按下计时/暂停按钮开始计时;油滴下落到预定距离时,迅速按下计时/暂停按钮,同时停止计时 12. 电源开关按钮:按下按钮,电源接通,整机工作

[**实验原理**]

用喷雾器将油滴喷入两块相距为 d 的水平放置的平行极板之间。油滴在喷射时由于摩擦,一般都是带电的。设油滴的质量为 m,所带电量为 q,两极板之间的电压为 V,则油滴在平行极板之间同时受两个力的作用,一个是重力 mg,另一个是静电力 $qE=qV/d$。如果调节两极板之间的电压 V,可使两力相等而达到平衡,如图 9-3 所示。这时

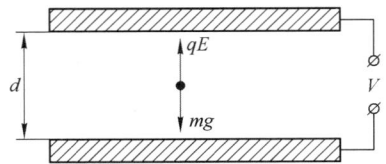

图 9-3 油滴在两平行极板之间静止

$$mg = qV/d \quad (9-1)$$

为了测出油滴所带的电量 q,除了需测定 V 和 d 外,还需测量油滴的质量 m。因 m 很小,需要用如下特殊的方法测定。

平行极板未加电压时,油滴受重力作用而下降,但是由于空气的黏滞阻力与油滴的速度成正比,油滴下落一小段距离达到某一速度 v_g 后,阻力与重力平衡(空气浮力忽略不计),油滴将匀速下降。由斯托克斯定律可知

$$mg = 6\pi r \eta v_g \tag{9-2}$$

式中 η 是空气的黏滞系数，r 是油滴的半径（由于表面张力的原因，油滴总是呈小球状）。

设油滴的密度为 ρ，油滴的质量 m 又可以用下式表示

$$m = \frac{4}{3}\pi r^3 \rho \tag{9-3}$$

由式(9-2)和式(9-3)得到油滴的半径

$$r = \sqrt{\frac{9\eta v_g}{2\rho g}} \tag{9-4}$$

斯托克斯定律是以连续介质为前提的，对于半径小到 10^{-6} m 的微小油滴，已不能将空气看作连续介质，空气的黏滞系数应做如下修正

$$\eta' = \frac{\eta}{1 + \dfrac{b}{pr}}$$

式中 b 为一修正常数，$b = 6.17 \times 10^{-6}$ m·cmHg，p 为大气压强，单位为 cmHg。用 η' 代替式(9-4)中的 η，得

$$r = \sqrt{\frac{9\eta v_g}{2\rho g} \cdot \frac{1}{1 + \dfrac{b}{pr}}} \tag{9-5}$$

上式根号中还包含油滴的半径 r，但因为它处于修正项中，不需要十分精确，故仍可以用式(9-4)计算。将式(9-5)代入式(9-3)，得

$$m = \frac{4}{3}\pi \left(\frac{9\eta v_g}{2\rho g} \cdot \frac{1}{1 + \dfrac{b}{pr}} \right)^{\frac{3}{2}} \cdot \rho \tag{9-6}$$

对于匀速下降的速度 v_g，可用下法测出：当两极板间的电压 $V=0$ 时，设油滴匀速下降的距离为 l，时间为 t_g，则

$$v_g = \frac{l}{t_g} \tag{9-7}$$

将式(9-7)代入式(9-6)，式(9-6)代入式(9-1)，得

$$q = \frac{18\pi}{\sqrt{2\rho g}} \left[\frac{\eta l}{t_g \left(1 + \dfrac{b}{pr}\right)} \right]^{\frac{3}{2}} \cdot \frac{d}{V} \tag{9-8}$$

上式就是用平衡法测定油滴所带电荷的计算公式。

实验发现，对于同一个油滴，如果我们改变它所带的电量，则能够使油滴达到平衡的电压必须是某些特定的值 V_n。研究这些电压变化的规律，可以发现它们都满足下列方程

$$q = ne = mg\frac{d}{V_n}$$

式中 $n = \pm 1, \pm 2 \cdots$ 而 e 则是一个不变的值。

对于不同的油滴,不仅可以发现有同样的规律,而且 e 值是共同的常数。这就证明了电荷的不连续性,并存在着最小的电荷单位,即电子的电荷值 e。

$$ne = \frac{18\pi}{\sqrt{2\rho g}} \left[\frac{\eta l}{t_g \left(1 + \frac{b}{pr}\right)} \right]^{\frac{3}{2}} \cdot \frac{d}{V}$$

上式就是本实验的理论公式。

[**实验步骤**]

1. 仪器调节

(1) 将油滴照明灯接 220 V 电源,平行极板(接线插孔在有机玻璃防风罩上)接 500 V 直流电源,电源插孔都在电源后盖上。

(2) 调节调平螺丝,使水准仪气泡到中央,这时平行极板处于水平位置,电场方向和重力平行。

(3) 在喷雾器中注入油少许(只需数滴),将油从油雾室旁喷雾口喷入(一下即可),视场中将出现大量油滴,有如夜空繁星。如油滴太暗,可转动照明小灯珠,使油滴明亮。微调显微镜,使油滴更清晰。

2. 测量练习

(1) 练习控制油滴:平行极板加上平衡电压(约 300 V,"+"或"-"均可),驱走不需要的油滴,直到剩下几颗为止。注视其中的一颗,仔细调节平衡电压,使这颗油滴平衡。然后去掉平衡电压,让它匀速下降(看上去是上升)。下降一段距离后再加上平衡电压和升降电压,使油滴上升(看上去是下降)。如此反复多次地练习,以掌握控制油滴的方法。

(2) 练习选择油滴:要做好本实验,很重要的一点是选择好被测量的油滴。油滴的体积既不能太大,太大则必须带的电荷很多才能取得平衡,结果不易测准。但也不能太小,太小则由于热扰动和布朗运动,涨落很大,也不容易测准。选择油滴时,可根据平衡电压的大小(约 300 V)和油滴匀速下降的时间(10~30 s)来判断油滴的大小和带电量的多少。通过试测练习之。

(3) 练习测试速度:任意选择几个下降速度快慢不同的油滴,用停表测出它们下降一段距离所需要的时间,以掌握测量油滴速度的方法。

3. 正式测量 本实验真正要测量的只有两个量。一个是平衡电压 V_n,另一个是油滴匀速下降一段距离所需要的时间 t。

测量平衡电压必须经过仔细的调节,并应该将油滴悬于分划板上某条横线附近,以便准确判断出这颗油滴是否平衡了。

测量油滴匀速下降一段距离 l 所需要的时间 t 时,为保证油滴下降时速度均匀,应先让它下降一段距离 l 后,再测量时间。选定测量的一段距离应该在平行极板之间的中央部分,即视场中分划板的中央部分。若太靠近上电极板,小孔附近有气流,电场也不均匀,会影响测量结果。太靠近下电极板,测量完时间 t 后,油滴容易丢失,影响重复测量,一般取 $l = 0.200$ cm 比较合适。

由于有涨落因素,对于同一颗油滴必须进行 10 次左右的测量。同时还应该对不同的油滴(不少于 5 个)进行反复的测量。这样才能验证不同油滴所带的电荷是否都是基本电荷即电子电荷的整数倍。

[数据记录与处理]

(1) 根据式(9-8)

$$q = \frac{18\pi}{\sqrt{2\rho g}} \left[\frac{\eta l}{t_g \left(1 + \frac{b}{pr}\right)} \right]^{\frac{3}{2}} \cdot \frac{d}{V}$$

式中

$$r = \sqrt{\frac{9\eta l}{2\rho g t_g}}$$

将 r 代入上式,并设 k_1、k_2 分别为

$$k_1 = \frac{18\pi}{\sqrt{2\rho g}} (\eta l)^{\frac{3}{2}} \cdot d \tag{9-9}$$

$$k_2 = b \cdot \sqrt{\frac{2\rho g}{9\eta l}} \tag{9-10}$$

则式(9-8)可以写成下面的形式

$$q = \frac{k_1}{\left[t_g \left(1 + \frac{k_2}{p}\sqrt{t_g}\right) \right]^{\frac{3}{2}} \cdot V} \tag{9-11}$$

其中 $\rho = 981 \text{ kg/m}^3$,$g = 9.80 \text{ m/s}^2$,$\eta = 1.83 \times 10^{-5} \text{ kg/(m·s)}$,$l = 2.00 \times 10^{-3} \text{ m}$(分划板中央四格的距离)。将以上数据代入式(9-9)和式(9-10)得

$$k_1 = 1.43 \times 10^{-14} \text{ kg·m}^2/\text{s}^{1/2}$$
$$k_2 = 1.49 \text{ cmHg/s}^{1/2}$$

将 k_1 和 k_2 分别代入式(9-11)得

$$q = \frac{1.43 \times 10^{-14}}{\left[t_g \left(1 + \frac{1.49}{p}\sqrt{t_g}\right) \right]^{3/2} \cdot V}$$

把实验测得的 V、t 和 p 代入上式,就可以计算出油滴所带的电量 q,取其平均值为 q_i 的实验值。

表 9-1 油滴 1 的测量电量 q_1

	1	2	3	4	5	6	7	8	9	10
V										
t										
p										
q_1										

表9-2　油滴2的测量电量 q_2

	1	2	3	4	5	6	7	8	9	10
V										
t										
p										
q_2										

表9-3　油滴3的测量电量 q_3

	1	2	3	4	5	6	7	8	9	10
V										
t										
p										
q_3										

表9-4　油滴4的测量电量 q_4

	1	2	3	4	5	6	7	8	9	10
V										
t										
p										
q_4										

表9-5　油滴5的测量电量 q_5

	1	2	3	4	5	6	7	8	9	10
V										
t										
p										
q_5										

（2）计算出每个油滴的电量 q_i 后，我们采用"反过来验证"的办法，用 e 的公认值去除，得到每个油滴带基本电荷个数的近似值 n_i，将 n_i 四舍五入取整，再用这个整数去除 q_i，所得结果为我们测出的电子电量 e_i。

表9-6　电子电量 e

	1	2	3	4	5
q_i					
e_i					

求出 e_i 的平均值，并与公认值（$e = 1.602 \times 10^{-19}$ C）比较，计算其百分误差。

[注意事项]

(1) 对选定油滴进行跟踪测量时,如油滴像变模糊,应随时调节显微镜镜筒位置使其聚焦。

(2) 考虑到平衡电压太小时,结果不易精确,平衡电压应选取大于 300 V 的。

[思考题]

(1) 实验中,对选定油滴进行跟踪测量时,油滴像会变模糊,这是为什么?

(2) 实验数据的处理中,如果采用作图法,以纵坐标表示电量,横坐标表示电子个数,这样得到的直线斜率即为基本电荷 e 值,此种方法有何优缺点?

[附]

更精确和更完善地测定 e 值的方法不是这种静态平衡法,而是密立根研究改进了的动态测量方法。方法的基本思想是:挑选一个由喷雾时的摩擦已带有较多电荷的油珠,然后加上方向合适的电场,油珠就会被迫向上极板运动,当油珠撞在上极板以前,便取消二极板间的电场,让油珠依重力下降,待其快接近下极板时,再加上电场,使油珠再做反方向的运动。这样可控制油珠在两极板间上下来回地运动。借助 X 射线或放射性物质使极板间空气电离,则油珠将在往复运动中(主要是重力下落时)擒住空气中的正、负离子而改变其荷电量,这可由油珠上升(在电场作用下)速度的变化看出来。由这些速度的不连续变化,通过对数据的整理分析就可以发现离子上面的电荷是最小电荷的值,或者是这个值的整数倍。用这种动态方法不仅可以测出电子电荷 e 值,而且可以令人信服地说明电的量子性。此外,还可引导出一些极为重要的结论。例如,可以证明传导体和绝缘体上的静电荷、摩擦电荷和离子电荷都是由基本电荷 e 构成的,以及气体离子上的电荷与质点或阴极射线的质点上的电荷相同等。

本实验为了装置简单,没有用 X 射线或放射源电离空气,因此只能用变换油滴的办法进行实验。但是在实验过程中有时也会碰上由于油滴和空气中的电子或离子碰撞而改变电量的情况,请同学们在实验中加以注意。

实验十 旋光仪测量糖溶液的浓度

[**实验目的**]
(1) 掌握偏振光通过旋光物质的旋光现象。
(2) 了解旋光仪的构造,掌握使用方法。
(3) 掌握用旋光仪测定旋光性溶液旋光率和浓度的方法。
(4) 了解溶液的浓度与旋光度之间的关系。

[**实验器材**]
旋光仪、已知不同浓度的糖溶液、未知浓度的糖溶液、蒸馏水、纱布(或脱脂棉)、烧杯、量筒。

[**仪器描述**]
1. **旋光仪的结构** 本实验采用 WXG-4 型旋光仪,旋光仪的外形结构(图 10-1)一般是由起偏和检偏装置组合而成。如图 10-2 所示,在起偏器与检偏器之间放入旋光物质时,会使检偏器后面的光亮度发生变化,但若把检偏器旋转某个角度,又可使看到的光亮度恢复原状,检偏器所旋转的角度就是该物质的旋光度。而检偏器是由我们手动操作,旋转的角度及左旋还是右旋是可以知道的,即测定了物质的旋光度。

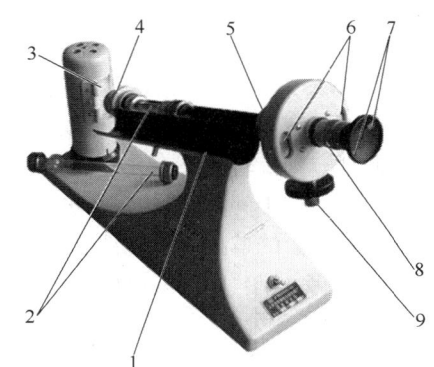

图 10-1 旋光仪的外形

1. 测试管架 2. 测试管 3. 钠光灯 4. 起偏镜及半波片(在内部) 5. 检偏镜(在内部) 6. 度盘 7. 双目镜 8. 望远镜 9. 旋转手轮

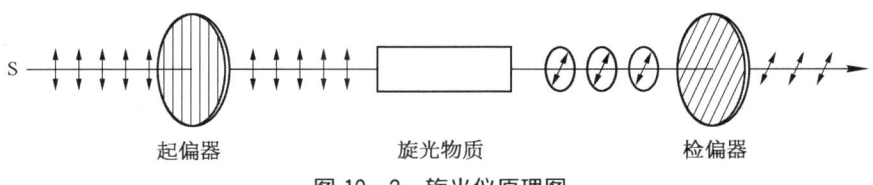

图 10-2 旋光仪原理图

2. **旋光仪的原理** 旋光仪的光学系统如图 10-3 所示。测量时,先将旋光仪中起偏镜和检偏镜的偏振面调到相互正交,在目镜中看到最暗视场,这时检偏镜所在的位置记为刻度盘的零点;然后装入有被测物质的试管,由于溶液具有旋光性,使振动面旋转一个角度,零度视场变亮,转动检偏镜,使因振动面旋转而变亮的视场重新达到最暗,此时检偏镜的旋转角度即表示被测物质的旋光度。

由于人眼难以准确地判断视场是否最暗,以及亮暗程度是否复原,故多采用半荫板或三荫板

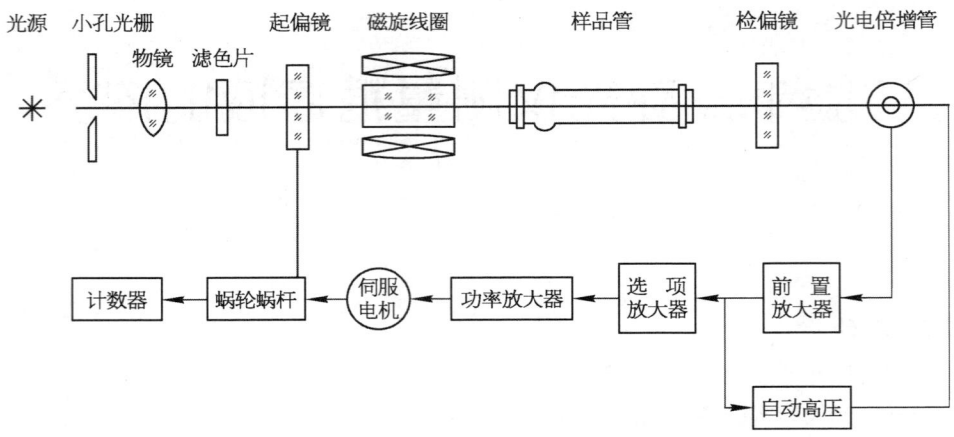

图 10-3 旋光仪的光学系统

法,即通过比较视场中相邻两光束的强度是否相同来确定旋光度。半荫板是一个半圆形的玻璃片与半圆形石英片胶合成的透光片,三荫板是两旁为玻璃片、中间为石英片胶合成的透光片(图 10-4)。WXG-4 型旋光仪采用三分视界法来确定光学零位。当从起偏器得到的偏振光通过三荫板时,透过两旁玻璃的部分,其振动方向保持不变;而透过中间石英的部分,则由于石英的旋光作用,使振动方向旋转了某个角度 β。因此,通过三荫板的这束偏振光变成振动方向不同(两旁振动方向一致,但与中间不同)的三部分。这时如果把检偏器调整到使两旁的偏振光完全透过的位置时,则中间部分的偏振光只能部分透过,在视野里将出现两旁最亮、中间稍暗的情形。反之,则在视野里出现两旁稍暗、中间最亮的情形。当检偏器振动方向在 β 角的平分线 MM' 上时(图 10-5),视野里将看到三部分的明亮程度相同,即三分视界完全消失。与上述类似,若把检偏器调到使两旁的偏振光完全不能透过的位置时,则视场中两旁最暗、中间稍亮;若把检偏器调到使中间部分的偏振光完全不能透过的位置时,则视场里中间部分最暗、两旁稍亮。显然,检偏器在这两个位置之间时视场里存在一个使三部分亮暗程度相等的位置 NN',即与 β 角平分线垂直的位置,这时三分视界也完全消失了。

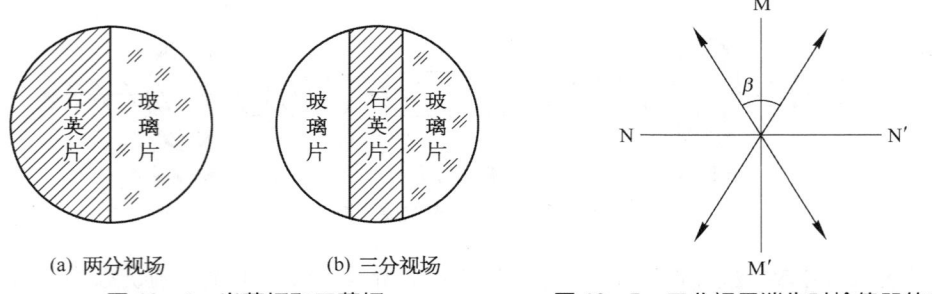

图 10-4 半荫板和三荫板　　图 10-5 三分视界消失时检偏器的方向

上述两种使三分视界完全消失的情况都可以作为判断检偏器始、终点的标准。但是,由于人眼在一定范围内对于弱照度的变化较敏感,且检偏器在 NN' 位置时稍有偏转,三分视界就将有明显变化。因此,通常用暗视场作为标准易于判别,测量较准确。

当转动检偏镜时,目镜视场中明暗变化如图 10-6 所示。

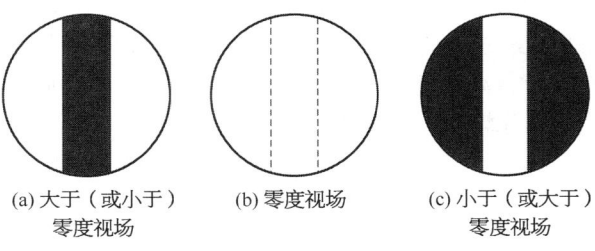

(a) 大于（或小于）零度视场　　(b) 零度视场　　(c) 小于（或大于）零度视场

图 10-6　三荫板三分视界

3. **读数**　当旋光仪未放入装有旋光性溶液的试管时，我们旋转检偏器找到三分视界完全消失的暗视场位置，记录度盘上的读数，如果仪器已做好校准，这个读数应是零度。然后放入装有旋光性溶液的试管，则三分视界出现亮度差异，再旋转检偏器仍使三分视界消失，即三部分达到相同暗度，再记下读数，则两次读数之差就是该旋光性溶液的旋光度。

本仪器采用双游标读数法，以消除度盘偏心差，度盘分360格，每格为1°，游标分20格，等于刻度盘19格，用游标直接读数到0.05°，如图10-7所示。刻度盘和检偏器固为一体，借手轮能做粗、细转动调整。游标窗前方装有两块4倍放大镜，供读数用。双游标读数法可按下列公式求得结果。对右旋物质

$$\phi = \frac{A+B}{2}$$

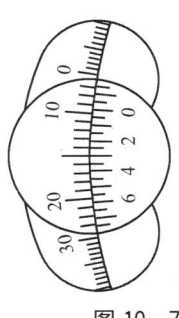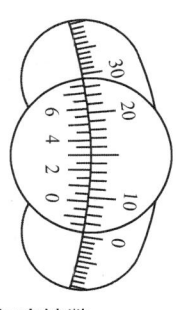

图 10-7　游标窗读数

式中 A 和 B 分别为两游标窗读数。对左旋物质

$$\phi = -\frac{1}{2}[(180°-A)+(180°-B)]$$

例如：对于右旋物质，两游标窗读数如图10-7所示，$A=9.30°$，$B=9.30°$

$$\phi = \frac{A+B}{2} = \frac{9.3°+9.3°}{2} = 9.3°$$

[**实验原理**]

当偏振光通过某些物质后，特别是含有不对称碳原子物质的溶液，其振动面会以光的传播方向为轴旋转一定角度，这种现象称为旋光现象。能产生旋光现象的物质称为旋光物质。糖溶液、石英晶体、石油、松节油等有机物质的溶液都是旋光物质，所旋转的角度 ϕ 称为旋光度。

旋光物质按其使偏振光振动面旋转的方向分为左旋物质及右旋物质两类。当观察者对着光线射来的方向观察时，使转动面沿顺时针方向旋转的称为右旋物质，并以"+"表示。沿逆时针方向旋转的称为左旋物质，以"-"表示。对于溶液来说，旋光度 ϕ 与通过溶液的厚度 l 及浓度 c 成正比，即

$$\phi = [\alpha]_D^t cl \tag{10-1}$$

式中 α 为比例系数，是表征物质（溶质）旋光性质的物理量，称为该物质的旋光率（或比旋度），在数

值上等于偏振光通过单位浓度、单位厚度的溶液时振动面旋转的角度。不同的旋光物质具有不同的旋光率,且与入射光的波长和物质的温度有关。t 指温度,λ 指光源波长(通常用钠光 $\lambda = 589.3$ nm),$[\alpha]_D^t$ 是指在温度为 t,用波长为 D 光源测定某物质时该物质的旋光率。这里我们把 ϕ 的单位用度表示,浓度 c 用百分数表示,厚度的单位用分米表示。

如果已知旋光性溶液的浓度,用旋光仪测得旋光度 ϕ 以后,则由式(10-1)可得出溶液的旋光率 $[\alpha]_D^t$,即

$$[\alpha]_D^t = \frac{\phi}{cl} \tag{10-2}$$

如果已知旋光物质的旋光率,用旋光仪测得旋光度 ϕ 以后,则由式(10-1)可得出该溶液的浓度 c,即

$$c = \frac{\phi}{[\alpha]_D^t l} \tag{10-3}$$

[**实验步骤**]

1. **首先用蒸馏水校正仪器的零点** 打开光源几分钟后,调整目镜聚焦,使视场清晰,将装满蒸馏水的测试管置于测试管架上,旋转检偏镜使三部分(三荫板式旋光仪)视野暗度相等,记下分度盘读数,重复测量 5 次取平均值,此平均值即为零点,并做好记录。

2. **观察维生素 C、左旋多巴等药物的旋光性(定性)** 将已装好的维生素 C、左旋多巴溶液的测试管先后置于测试管架上观察它们的旋光性,并注意它们的旋转方向,确定待测物质是左旋还是右旋。

3. **测定已知浓度葡萄糖溶液的旋光率** 把装有浓度为 5% 的葡萄糖溶液的测试管放到测试管架内,旋转检偏镜使视场内三部分一样暗时,记下刻度盘上的读数,重复 5 次取平均值,校正零点的读数后得到实际旋光度的读数 ϕ,由式(10-2)求出葡萄糖的旋光率,并与标准值进行比较,计算绝对误差和相对误差。

4. **测定葡萄糖溶液的浓度** 用未知浓度的葡萄糖溶液,按上述方法测出旋光度 ϕ,应用步骤 3 中所求得的旋光率,计算未知溶液含糖百分比,并记下实验温度。

[**数据记录与处理**]

仪器的零点平均值 $\phi =$　　　　实验温度 $t =$
未知溶液的浓度 $c_0 =$　　　　葡萄糖溶液的 $[\alpha]_D^t =$

表 10-1 测定葡萄糖溶液旋光度实验数据记录表

旋光度 \ 次数	1	2	3	4	5
蒸馏水					
已知溶液					
未知溶液					

实验结果:
平均相对误差:

[注意事项]

(1) 旋光仪应放在通风干燥和温度适宜的地方,以免受潮发霉。

(2) 旋光仪连续使用不宜超过 4 小时,如果使用时间较长,中间应关机 10~15 分钟,待钠光灯冷却后,再继续使用。

(3) 旋光仪停用后,应将塑料套套上,装箱时应按固定位置放入箱内并压紧。

[思考题]

(1) 什么是光的偏振现象?什么是物质的旋光现象?

(2) 旋光仪中半荫板(或三荫板)起什么作用?左右两半部暗度相同时,检偏器的方位如何?

(3) 在装溶液于测试管中时,为何不允许有气泡?

实验十一　分光计的使用

[实验目的]

(1) 了解分光计的构造,学会分光计的调整和使用方法。
(2) 掌握测定玻璃棱镜的顶角及最小偏向角的方法。

[实验仪器]

分光计、钠光灯、三棱镜、照明台灯。

[仪器描述]

1. **分光计的构造**　分光计种类繁多,型号不一,但是基本构造原理相同。不论哪种型号的分光计都具备以下五个主要部件:底座、望远镜、平行光管、载物台及读数装置。现以 FGY-01 型分光计为例,说明其构造(图 11-1)。

(1) 底座:分光计的底座是一个圆形底座,其中心有竖轴,称为分光计的中心轴。轴上装有可

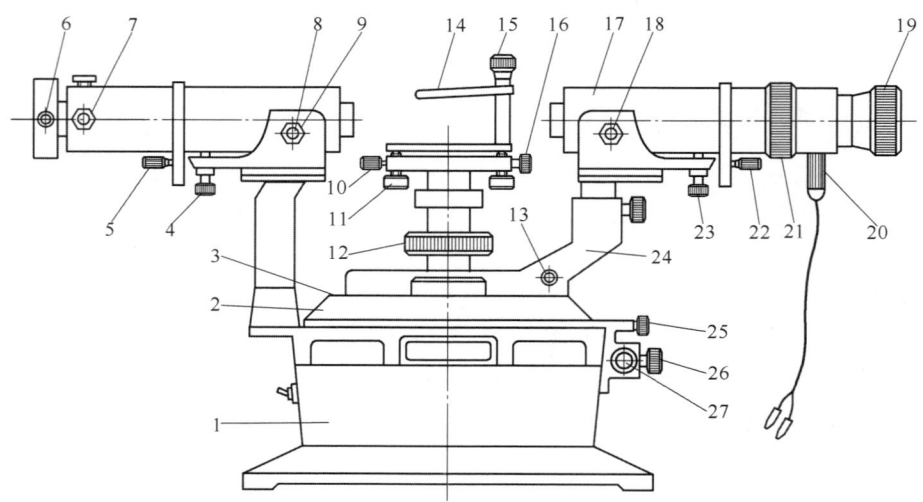

图 11-1　分光计的结构示意图

1. 底座　2. 刻度盘　3. 游标盘　4. 平行光管水平调节螺钉　5. 平行光管俯仰调节螺钉　6. 狭缝宽度调节螺钉　7. 狭缝锁紧螺钉　8. 平行光管左右偏斜度调节螺钉　9. 平行光管锁紧螺钉　10. 载物台转轴固定螺钉　11. 载物台水平调节螺钉　12. 载物盘高度调节旋钮　13. 游标盘微动螺钉　14. 弹簧片　15. 弹簧片调节螺钉　16. 载物台锁紧螺钉　17. 望远镜物镜　18. 望远镜左右偏斜度调节螺钉　19. 目镜调节鼓轮　20. 望远镜照明电珠　21. 分划板及目镜套筒调节环　22. 望远镜光轴倾斜度固定螺钉　23. 望远镜仰俯调节螺钉　24. 望远镜支架　25. 游标盘(即望远镜旋转支架)锁紧螺钉　26. 刻度盘锁紧螺钉　27. 刻度盘微动螺钉

绕轴转动的望远镜和载物台,底座边缘的立柱上固定装有平行光管。

(2) 自准直望远镜:它是用来观察和确定光线进行方向的,由复合的消色差物镜和阿贝式自准目镜组成,如图 11-2 所示。物镜固定在 A 筒一端,目镜装在 C 筒上。为了测量上的需要,在物镜和目镜之间的 B 筒上装有分划板,分划板上刻有十字叉丝,C 筒装在 B 筒里并可沿着 B 筒前后移动,且 B 筒又可沿 A 筒移动,这样既能改变目镜与叉丝的距离,又能改变叉丝与物镜的距离,使得叉丝同时调到目镜焦平面和物镜焦平面上。

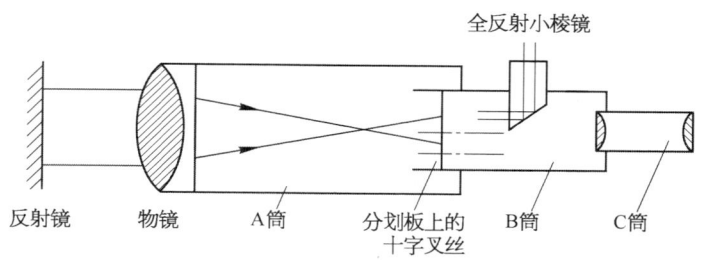

图 11-2 自准直望远镜示意图

分划板的右侧粘接一全反射小棱镜,粘接处镀有不透光的薄膜,薄膜上与分划板十字叉丝对称的位置上刻有透光的小十字窗。如图 11-1 所示,在目镜调节管外圆处装有一"T"形接头,在接头中装有望远镜照明电珠 20,电珠的光通过绿色滤光片和目镜调节管的方孔射到小棱镜上,经其全反射后,透过小十字窗,方向转为沿着望远镜轴线,从物镜射出,被物镜外面三棱镜的反射面反射,成像在分划板上,这个反射像为绿色小十字。当反射面与望远镜轴垂直时,绿色小十字应位于离分划板十字叉中心 2.5 mm 的十字线上,如图 11-3 所示。

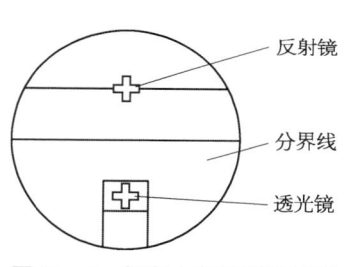

图 11-3 绿色十字位置示意图

在图 11-1 中的螺钉 22、23 分别用来调节固定望远镜的倾斜度;调节鼓轮 19 可改变目镜与叉丝间的距离;调节 21 可改变物镜与叉丝间的距离。螺钉 25 用来紧锁望远镜、刻度盘与游标盘;锁紧螺钉 25,再调节螺钉 13 可使游标盘微动;螺钉 26 用来锁紧刻度盘,锁紧螺钉 26,再调节螺钉 27 可使刻度盘微动。

(3) 平行光管:又称自准直管,是用来获得平行光的。它的一端装有消色差的复合凸透镜,另一端装有可调节的狭缝或狭缝体。狭缝可移动,当光线通过狭缝落在透镜的焦平面上,可产生平行光束并射到放在载物台上的分光元件上。

调节螺钉 6 可改变狭缝宽度,调节螺钉 7 可使狭镜前后移动及旋转,螺钉 4 可调节平行光管的倾斜度,螺钉 5 用于平行光管倾斜度的微调。

(4) 载物台:载物台是用来放置分光元件,且可绕仪器的主轴转动和沿铅直轴升降的平台。平台下方有三个调节螺钉,用以改变平台对铅直轴的倾斜度。锁紧螺钉 26,然后逆时针松开旋钮 12,可使载物台升降,锁紧旋钮 12 可使载物台与主轴一起联动。

(5) 读数装置:分光计读数装置由中心轴上的一对刻度盘(外盘)和游标盘(内盘)组成,如图 11-4 所示。转动角度,可由左右两个游标上读出。刻度盘按照圆周分成 720 格,每格值读数为 30′。游标盘弧分为 30 格,所示游标上每一小格读数为 1′。读数时,以游标盘的"0"刻度线对准刻度盘的刻度,读出 A(值)(几度几分),再找游标上与刻度盘对齐的刻度线,并在游标上读出 B 值(几分几秒)。两者之和即为该位置所处的角度值。对不同型号分光计的刻度盘与游标盘刻线数可能不同,但读法相同,只需按刻线数重新计算每格代表的值即可。

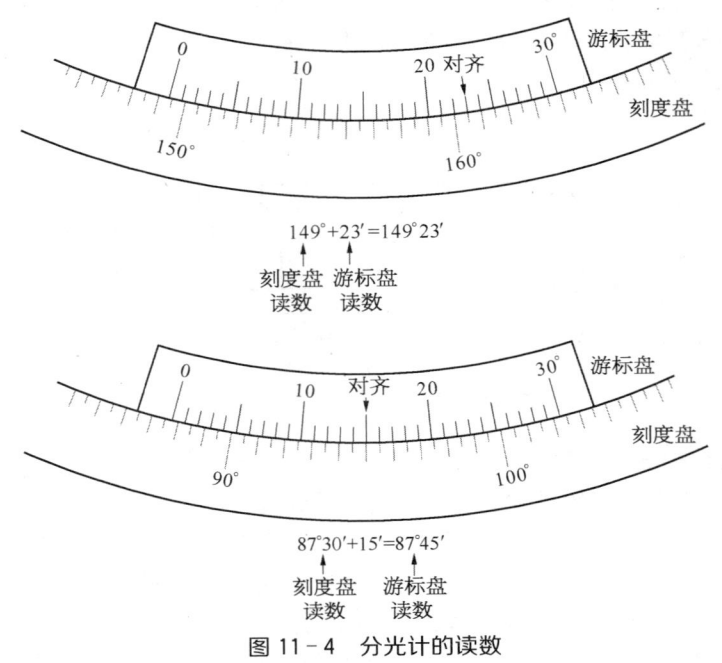

图 11-4 分光计的读数

为了提高读数精度,消除刻度盘中心与分光计主轴之间的偏心差,仪器在 180°方向有两个读数窗,并有放大镜帮助读数。记录读数时,必须读取两个游标所示的刻度。例如,当望远镜在位置 I 时游标 1 的读数为 θ_1,游标 2 的读数为 θ_2;当望远镜转过 ϕ 角以后,两游标的读数分别为 θ_1' 和 θ_2',则角值应为

$$\overline{\phi} = \frac{1}{2}[\phi_1 + \phi_2]$$
$$= \frac{1}{2}[|\theta_1' - \theta_1| + |\theta_2' - \theta_2|]$$

当望远镜不论是在 I 位置还是在转过 ϕ 角以后的 II 位置,若其中有一游标经过了零点,这时望远镜转过的实际角度 ϕ 值将为

$$\overline{\phi} = \frac{1}{2}[(\theta_1' + 360° - \theta_1) + (\theta_2' - \theta_2)]$$

2. 分光计的调整 分光计作为一种精密的测量仪器,必须细心调节和使用得当,才能很好地完成测量任务,其调节的要求和步骤如下。

(1) 分光计调好的标准

1) 使平行光管发出平行光。

2) 望远镜聚焦于无穷远适合于平行光,即透镜后焦面与目镜前焦面共面,分划板要处在这个

焦面上。

3) 平行光管和望远镜的光轴要共轴且都与仪器转轴垂直，又要与载物平台平面平行，即载物台平面与仪器转轴垂直。

(2) 分光计的调节步骤：首先要熟悉分光计上各部件和各可调螺丝的作用。用肉眼估计一下各部件的位置是否符合标准3)，称之为粗调。然后再对各部件进行细调，即要求对仪器的各个部件逐一调整如下。

1) 使望远镜聚焦于无穷远：首先接通电源，照亮十字划板，前后移动目镜，使分划板位于目镜前焦平面上，即看清分划板上的十字线。其次，按图11-5所示，将三棱镜放在载物台上，ABC 表示三棱镜，A′B′C′ 表示载物台下三个可调螺钉，且使 AB⊥B′C′，BC⊥A′C′，CA⊥A′B′，转动载物台并适当调节载物台上的三个可调螺钉11和望远镜仰俯调节螺钉23，分别寻找到由棱镜三个面上反射回来的绿色小十字，即是十字透光窗的像。若找不到绿十字，说明反射面与望远镜不

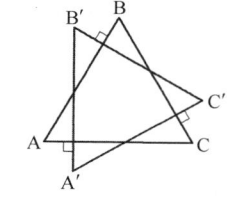

图11-5 三棱镜在载物台上的位置

垂直，须用目测来调平台，使平台尽量成水平。最后，前后移动物镜，使分划板位于物镜后焦平面上，且当观察者左右晃动时，十字叉丝和绿色小十字不产生相对运动，即绿色小十字清晰，无视差。这时十字叉丝平面完全重合，说明已调整好，固定不能再动。

2) 调节望远镜光轴垂直于仪器的转轴且与载物平台平面平行：在目镜中看到的由棱镜 AB 面上反射回来的绿十字一般并不能与分划板上的十字线重合，这说明望远镜的光轴与载物台表面不平行，也不垂直于分光计的转轴，如图11-6(a)示，则应做如下调节：转动载物台使 AB 面反射回来的绿色小十字和叉丝竖线重合，调节载物台螺钉中的 B′，减少 $D/2$，然后调节望远镜仰俯度调节螺钉23，再减少 $D/2$，此时绿色小十字与目镜中的上十字叉丝线重合，如图11-6(b)所示，D 为零。按照此种方法对三棱镜的两个光学面进行调节后，再将棱镜旋转120°，做同样的调节，最后无论在上述三个反射面中任何一面返回的绿色小十字与目镜中的上十字叉丝线重合，如图11-6(b)所示，这说明望远镜光轴垂直于仪器转轴且与载物台平面平行。即望远镜已调好，有平行光射入时，必聚焦在分划板的平面上。调好后，用螺钉22将望远镜固定，以免破坏上述的调节。

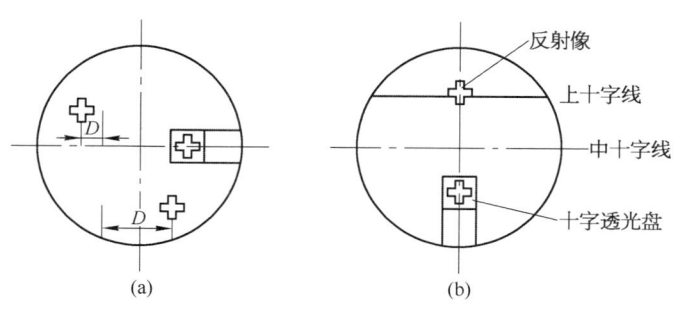

图11-6 望远镜光轴与载物台平行示意图
(a) 光轴与载物台不平行 (b) 光轴与载物台平行

3) 调节平行光管发出平行光使其光轴与望远镜共轴：首先，将已调好的望远镜对准平行光管，在狭缝附近放上实验的光源，移去三棱镜，调整铅直放置的狭缝宽度，使缝宽适当，移动狭缝

体使狭缝像位于平行光管物镜的焦平面上,即从望远镜中能看到清晰的狭缝像且无视差,这时平行光管发出的光为平行光。其次,使铅直放着的狭缝像通过分划板的中心十字叉丝的交点且与长短交点对称。然后使狭缝旋转90°仍平行,否则可调节平行光管下面的螺钉4和5来达到此目的。最后再将水平放置的狭缝旋转90°,使之恢复铅直放置。做到以上三点,分光计已全部调节完毕。

[**实验原理**]

1. **折射率 n 与棱镜顶角 α 和最小偏向角 $\delta_{\min}$ 的关系** 如图11-7所示,三棱镜 ABC 的顶角为 α,AB 和 AC 为两个折射面。一束单色光 LD 入射到棱镜上,经过两次折射后沿 ER 方向射出,把入射线 LD 与出射线 ER 的夹角 δ 称为偏向角,当入射光和出射光相对于棱镜对称时,即 $i_1 = i_4$,δ 值为最小,记为 $\delta_{\min}$,则棱镜对该单色光的折射率 n 通过证明可得

$$n = \frac{\sin \frac{1}{2}(\alpha + \delta_{\min})}{\sin \frac{\alpha}{2}} \tag{11-1}$$

因此,只要测得顶角 α 与最小偏向角 $\delta_{\min}$,就可由式(11-1)求出折射率 n。

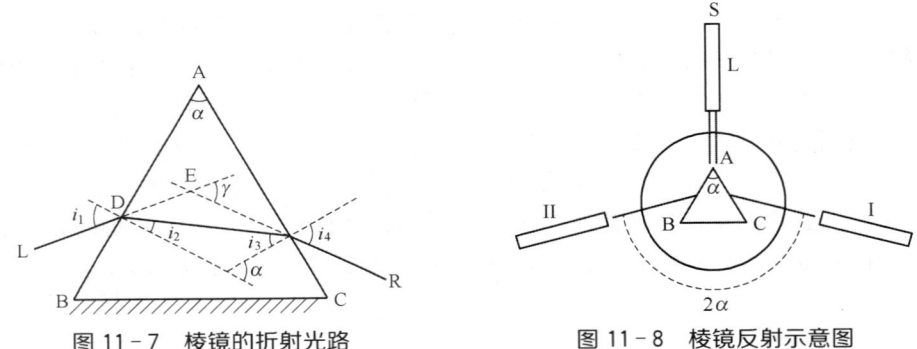

图 11-7 棱镜的折射光路   图 11-8 棱镜反射示意图

2. **顶角 α 的测定方法** 一束单色平行光在三棱镜 ABC 的 AB 和 AC 两个面反射后变为方向不同的两束光,如图11-8中 Ⅰ 和 Ⅱ。可以证明这两束光之间的夹角是顶角 α 的两倍,即 $\alpha = \dfrac{\phi}{2}$。若在 Ⅰ 处观测,两游标窗口的读数分别为 θ_1 和 θ_2;而在 Ⅱ 处观测,两游标窗口的读数分别为 θ'_1 和 θ'_2 时,则

$$\overline{\phi} = \frac{1}{2}[\phi_1 + \phi_2]$$
$$= \frac{1}{2}[|\theta'_1 - \theta_1| + |\theta'_2 - \theta_2|]$$

所以

$$\alpha = \frac{\overline{\phi}}{2} = \frac{1}{4}[\,|\,\theta'_1 - \theta_1\,| + |\,\theta'_2 - \theta_2\,|\,] \tag{11-2}$$

3. **最小偏向角 δ_{min} 的测定方法** 一束单色平行光由 AB 面入射经 AC 面折射后产生折射光线,如图 11-9 所示,即入射光线与折射光线之间的夹角为偏向角,当夹角为最小值时是最小偏向角 δ_{min}。

望远镜在Ⅱ处观察时,两游标窗口的读数为 θ'_1 和 θ'_2;若拿走三棱镜,望远镜在Ⅰ处观测时,两游标窗口的读数为 θ_1 和 θ_2,于是有

$$\delta_{min} = \frac{1}{2}[\,|\,\theta'_1 - \theta_1\,| + |\,\theta'_2 - \theta_2\,|\,] \tag{11-3}$$

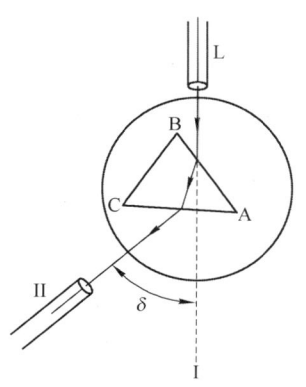

图 11-9 用折射法测定最小偏向角

[**实验步骤**]

1. **调节分光计** 按着分光计的调节步骤,调节好分光计。
2. **测定三棱镜的顶角 α** 将三棱镜放在载物台上,使棱镜顶角即与毛玻璃面相对的角对准平行光管,并用载物台上的弹簧片夹紧。

如图 11-9 所示,在平行光管射出的光束中,从棱镜右面,即 AB 面反射的光可由望远镜在Ⅰ处观测,当狭缝像与分划板中央十字叉丝线重合时,两游标的读数为 θ'_1 和 θ'_2,则由式(11-2)可计算出顶角 α。

把三棱镜翻过来,重测两次,求顶角 α 的平均值。

3. **测定最小偏向角 δ_{min}** 用弹簧片夹紧三棱镜于载物台中央,开启的钠光灯置于狭缝跟前,转动载物台使平行光管与棱镜的相对位置(图 11-10),然后移动望远镜到出射光线的位置Ⅱ附近,寻找到黄色光线为准。找到黄色光线后,把载物台连同所载棱镜一起稍往任意一方向转动,观察光线移动的方向,即观察偏向角是增加还是减少。然后将载物台使光线向偏向角减小的方向移动,这时光线要跑出望远镜的视场,因此必须使望远镜跟着光线踪迹移动。当棱镜转到某一位置,光线不再移动。若继续使棱镜沿原方向转动时,光线反而向相反方向移动,即偏向角反而增大。在这个转折点上棱镜对该光线而言,就处在最小偏向角的位置了。这时旋紧载物台的固定螺丝移动望远镜,使目镜中叉丝竖线对准黄色光线,然后旋紧望远镜固定螺丝,用微调螺丝再做精细调节,直到叉丝完全对准光线中心为止,记下左右两个游标的读数 θ'_1 和 θ'_2。

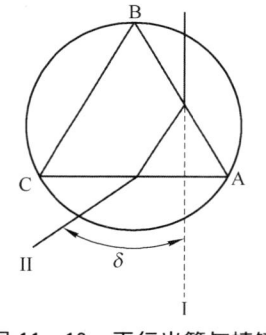

图 11-10 平行光管与棱镜相对位置示意图

从载物台上取下三棱镜,松开望远镜的固定螺丝,转动望远镜到Ⅰ位置,使得从望远镜的目镜中能直接看到平行光管狭缝的像。再旋紧望远镜的固定螺丝,θ'_1 和 θ'_2,于是有

$$\delta_{min} = \frac{1}{2}[\,|\,\theta'_1 - \theta_1\,| + |\,\theta'_2 - \theta_2\,|\,]$$

重复测 3 次,求最小偏向角 δ_{min} 的平均值。

[数据记录与处理]

1. 测顶角 α 的记录。

表 11-1　测顶角 α

项目 次数	I		II		ϕ_1	ϕ_2	$\bar{\phi}$	α
	θ_1	θ_2	θ'_1	θ'_2	$|\theta'_1-\theta_1|$	$|\theta'_2-\theta_2|$	$\frac{1}{2}(\phi_1+\phi_2)$	$\frac{\bar{\phi}}{2}$
1								
2								
3								
							$\bar{\alpha}=$	

2. 根据式(11-1)计算折射率 n。

表 11-2　测最小偏向角 δ_{min}

项目 次数	I		II		δ_1	δ_2	δ_{min}
	θ_1	θ_2	θ'_1	θ'_2	$|\theta'_1-\theta_1|$	$|\theta'_2-\theta_2|$	
1							
2							
3							
						$\bar{\delta}_{min}=$	

[注意事项]

(1) 禁止用手直接接触光学仪器表面,应用镜头纸擦拭光学元件表面。

(2) 分光计是精密光学仪器,请按规则使用。转动游标盘和望远镜之前应松开各自的锁定螺丝。测量前应锁住游标盘和主刻度盘锁紧螺钉。动作轻缓,拧紧锁定螺钉即可,不可用力过大。

(3) 移动望远镜前务必使用镜筒三脚架,严谨握住望远镜镜筒和照明灯泡的灯管筒转动。

(4) 望远镜目镜中现在狭缝宽度应该为 0.5～1 mm,这已由实验室调好,一般不需要再调节。确认需要调节时,必须有目镜中看到狭缝像,缓慢调节狭缝宽度调节螺丝,严禁将狭缝合拢。

[思考题]

(1) 分光计有哪几个主要部件?各部分都有什么作用?

(2) 分光计调节好的标准是什么?怎样才能调节好?调节步骤如何?

实验十二 迈克尔逊干涉仪

[**实验目的**]
(1) 了解迈克尔逊干涉仪的光学结构及干涉原理,学习其调节和使用方法。
(2) 了解测定光波波长的方法,加深对等倾、等厚干涉的理解。

[**实验器材**]
迈克尔逊干涉仪、He-Ne 激光器、白炽灯等。

[**仪器描述**]
迈克尔逊干涉仪是 1883 年美国物理学家迈克尔逊(A. A. Michelson)和莫雷(E. W. Morley)合作,为研究以太漂移实验而设计制造出来的精密光学仪器。用它可以高度准确地测定微小长度、光的波长、透明体的折射率等。后人利用该仪器的原理,研究出了多种专用干涉仪,这些干涉仪在近代物理和近代计量技术中被广泛应用。迈克尔逊干涉仪的结构如图 12-1 所示。

[**实验原理**]
1. 干涉仪的光路图 图 12-2 是迈克尔逊干涉仪的光路图,M_1、M_2 是一对精密磨光的平面反射镜,M_1 的位置是固定的,M_2 可沿导轨前后移动。G_1、G_2 是厚度和折射率都完全相同的一对平行玻璃板,与 M_1、M_2 均成 45°角。G_1 的一个表面镀有半反射、半透射膜 A,使射到其上的光线分为光强度差不多相等的反射光和透射光;G_1 称为分光板。当光照到 G_1 上时,在半透膜上分成相互垂直的两束光,透射光①射到 M_1,经 M_1 反射后,透过 G_2,在 G_1 的半透膜上反射后射向 E;反射光②射到 M_2,经 M_2 反射后,透过 G_1 射向 E。由于光线②前后共通过 G_1 3 次,而光线①只通过 G_1 1 次,有了 G_2,它们在玻璃中的光程便相等了,于是计算这两束光的光程差时,只需计算两束光在空气中的光程差就可以了,所以 G_2 称为补偿板。当观察者从 E 处向 G_1 看去时,除直接看到 M_2 外还看到 M_1 的像 M_1'。于是①、②两束光如同从 M_2 与 M_1' 反射来的,因此迈克尔逊干涉仪中所产生的干涉和 $M_1' \sim M_2$ 间"形成"的空气薄膜的干涉等效。

反射镜 M_2 的移动采用蜗轮蜗杆传动系统,转动粗调手轮 2 可以实现粗调。M_2 移动距离的毫米数可在机体侧面的毫米刻度盘 3 上读得。通过读数窗口,在刻度盘 3 上可读到 0.01 mm;转动微调手轮 17 可实现微调,微调手轮的分度值为 1×10^{-4} mm。可估读到 10^{-5} mm。M_1、M_2 背面各有 3 个螺钉可以用来粗调 M_1 和 M_2 的倾度,倾度的微调是通过调节水平微调螺丝 18 和竖直微调螺丝 14 来实现的。

2. 单色点光源的非定域干涉 本实验用 He-Ne 激光器作为光源,如图 12-3 所示,激光通过短焦距透镜 L 汇聚成一个强度很高的点光源 S 射向迈克尔逊干涉仪,点光源经平面镜 M_1、M_2 反射

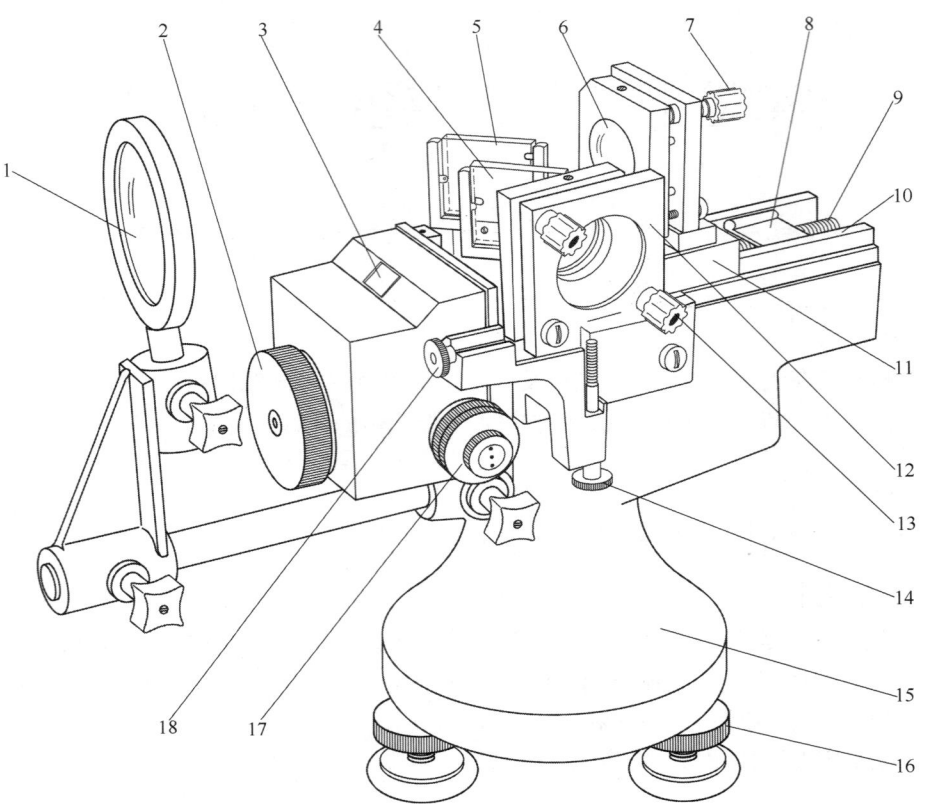

图 12-1 迈克尔逊干涉仪结构图

1. 观察屏 2. 粗调手轮 3. 刻度盘(读数窗口) 4. 补偿板 5. 分光板 6. 可动镜 M_2 7. 可动镜调节螺钉 8. 丝杆啮合螺母 9. 丝杆 10. 导轨 11. 拖板 12. 固定镜 M_1 13. 固定镜调节螺钉 14. 倾度竖直微调螺丝 15. 底座 16. 水平微调螺母 17. 微调手轮 18. 倾度水平微调螺丝

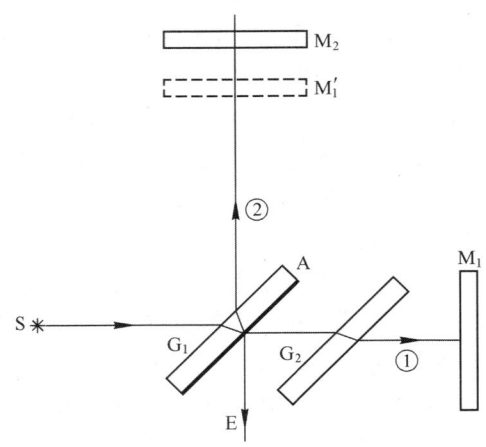

图 12-2 迈克尔逊干涉仪光路图

后,相当于由两个点光源 S_1' 和 S_2' 发出的相干光束。S' 是 S 的等效光源,是经半反射面 A 所成的虚像。S_1' 是 S' 经 M_1' 所成的虚像。S_2' 是 S' 经 M_2 所成的虚像。由图 12-3 可知,只要观察屏放在两点光源发出光波的重叠区域内,都能看到干涉现象,故这种干涉称为非定域干涉。如果 M_2 与 M_1' 严格平行,且把观察屏放在垂直于 S_1' 和 S_2' 的连线上,就能看到一组明暗相间的同心圆干涉环,其圆心位于 $S_1'S_2'$ 轴线与屏的交点 P_0 处,从图 12-4 可以看出 P_0 处的光程差 $\Delta = 2d$,屏上其他任意点 P' 或 P'' 的光程差近似为

$$\Delta = 2d\cos\varphi \tag{12-1}$$

式中 φ 为 S_2' 射到 P'' 点的光线与 M_2 法线之间的夹角。当 $2d\cos\varphi = k\lambda$ 时,为明纹;当 $2d\cos\varphi = (2k+1)\dfrac{\lambda}{2}$ 时,为暗纹。

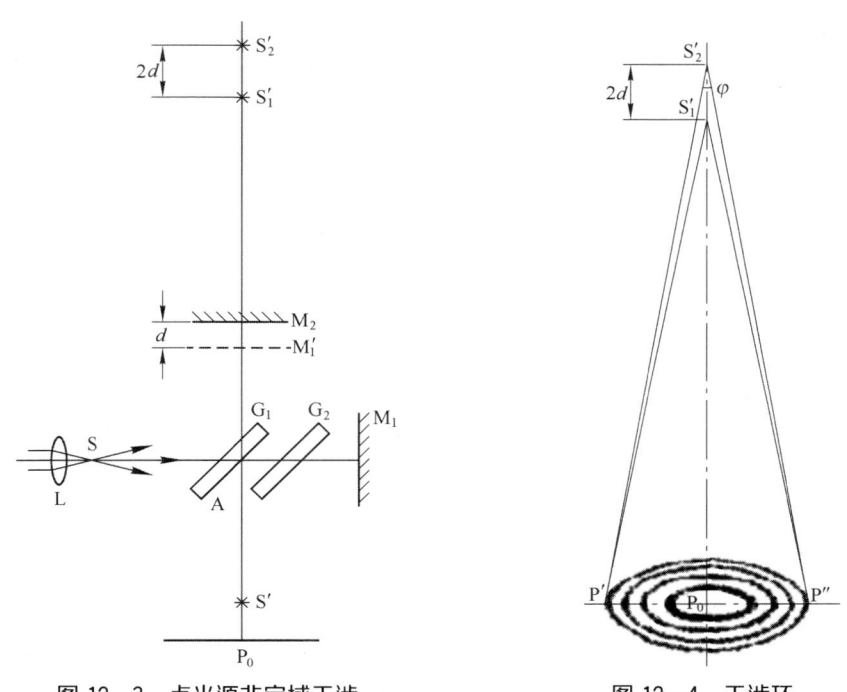

图 12-3 点光源非定域干涉　　　图 12-4 干涉环

由图 12-4 可以看出,以 P_0 为圆心的圆环是从虚光源发出的倾角相同的光线干涉的结果,因此,称为等倾干涉条纹。

由式(12-1)可知 $\varphi = 0$ 时光程差最大,即圆心 P_0 处干涉环级次最高,越向边缘级次越低。当 d 增加时,干涉环中心级次将增高,条纹沿半径向外移动,即可看到干涉环从中心"冒"出;反之当 d 减小,干涉环向中心"缩"进去。

由明纹条件可知,当干涉环中心为明纹时,$\Delta = 2d = k\lambda$。此时若移动 M_2(改变 d),环心处条纹的级次相应改变,当 d 每改变 $\dfrac{\lambda}{2}$ 距离,环心就冒出或缩进一条环纹。若 M_2 移动距离为 Δd,相应冒出或缩进的干涉环条纹数为 N,则有

$$\Delta d = N \frac{\lambda}{2}$$

$$\lambda = \frac{2\Delta d}{N} = \frac{2(l_1 - l_2)}{N} \qquad (12-2)$$

式中 l_1、l_2 分别为 M_2 移动前后的位置读数。实验中只要读出 l_1、l_2 和 N，即可由式(12-2)求出波长。

由明纹条件推知，相邻两条纹的角间距为

$$\Delta\varphi = -\frac{\lambda}{2d\sin\varphi} \approx -\frac{\lambda}{2d\varphi}$$

当 d 增大时 $\Delta\varphi$ 变小，条纹变细变密；当 d 减小时 $\Delta\varphi$ 增大，条纹变粗变疏。所以，离环心近处条纹粗而疏，离环心远处条纹细而密。

3. **等光程位置的确定** 当 M_2 与 M_1' 不完全平行时，M_2 和 M_1' 之间形成楔形空气膜，一般情况下屏上将呈现弧形等厚干涉条纹。若改变活动镜位置，使 M_2 和 M_1' 的间距 $d=0$，此时由 M_2 和 M_1' 反射到屏上的两束相干光光程差为零，屏上呈现直线形明暗条纹。这时活动镜的位置称为等光程位置。

若改用白光照射，由于白光是复色光，而明暗纹位置又与波长有关。因此，只有在 $d=0$ 的对应位置上，各种波长的光到达屏上时，光程差为 0，形成零级暗纹。在零级暗纹附近有几条彩色直条纹。稍远处，由于不同波长、不同级次的明暗纹相互重叠，便看不清干涉条纹了。

由于白光等厚干涉条纹能准确确定等光程位置，可以用来测定透明薄片的厚度。当视场内出现彩色直条纹后，继续转动微调手轮，使零级暗纹移到视场中央。然后在活动镜与分光板之间插入待测薄片，此时由于光程差变化，彩色条纹消失。再转动微调手轮，使活动镜向分光板方向移近，当彩色条纹重新出现，并移到视场中央时，活动镜的移动正好抵消了光程差的变化。根据以上分析可以推出薄片厚度的测量公式为

$$b = \frac{l_0' - l_0}{\dfrac{n}{n_0} - 1} \qquad (12-3)$$

式中 $n_0 = 1.003$，为空气的折射率；n 为薄片折射率（由实验室给出）；l_0、l_0' 分别为薄片插入前后的等光程位置读数。

[**实验步骤**]

1. **观察激光的非定域干涉现象** 调节干涉仪使导轨大致水平；调节粗调手轮，使活动镜大致移至导轨 25~45 mm 刻度处；调节倾度微调螺丝 14 和 18，使其拉簧松紧适中。然后使得激光管发射的激光束从分光板中央穿过，并垂直射向反射镜 M_1（此时应能看到有一束光沿原路退回）。

装上观察屏，从屏上可以看到由 M_1、M_2 反射过来的两排光点。调节 M_1、M_2 背面的 3 个螺丝，使两排光点靠近，并使两个最亮的光点重合。这时 M_1 与 M_2 大致垂直（M_1' 与 M_2 大致平行）。然后在激光管与分光板间加一短焦距透镜，同时调节倾度微调螺丝 14 和 18，即能从屏上看到一组弧形干涉条纹，再仔细调节倾度微调螺丝，当 M_1' 与 M_2 严格平行时，弧形条纹变成圆形条纹。转动微调手轮，使 M_2 前后移动，可看到干涉条纹的冒出或缩进。仔细观察，当 M_2 位置改变时，干涉条纹的粗

细、疏密与 d 的关系。

2. 测量激光波长

(1) 测量前先按以下方法校准手轮刻度的零位。先以逆时针方向转动微调手轮,使读数准线对准零刻度线;再以逆时针方向转动粗调手轮,使读数准线对准某条刻度线。当然也可以都以顺时针方向转动手轮来校准零位。但应注意:测量过程中的手轮转向应与校准过程中的转向一致。

(2) 按原方向转动微调手轮(改变 d 值),可以看到一个一个干涉环从环心冒出(或缩进)。当干涉环中心最亮时,在表 12-1 中记下活动镜位置读数 l_1,然后继续缓慢转动微调手轮,当冒出(或缩进)的条纹数 $N=100$ 时,再记下活动镜位置读数 l_2,反复测量多次,由式(12-2)计算出波长,并与标准值 ($\lambda_0 = 632.8$ nm) 比较,计算相对不确定度。

3. 观察白光干涉,测定等光程位置　沿逆时针方向转动粗调手轮,将活动镜移至导轨 30 mm 处;再沿逆时针方向转动微调手轮,使 d 减小,此时条纹变粗、变疏,直到只有 3～4 个条纹。然后调节倾度微调螺丝,使 M_1' 与 M_2 有一微小交角;再沿逆时针方向缓慢转动微调手轮,使屏上条纹最直时,改用白炽灯照射干涉仪,取下观察屏,直接用眼向活动镜方向观察,并继续缓慢转动微调手轮。当看到彩色直条纹后,记下此时活动镜位置,即为等光程位置。移动活动镜时,一定要非常缓慢,因白光干涉条纹只有数条,移动太快就会一晃而过。

[数据记录与处理]

表 12-1　测量数据表　$\lambda_0 = 632.8$ nm,　　$N = 100$　　　　单位:mm

测量次数	l_1	l_2	$\Delta d = |l_1 - l_2|$	$\overline{\Delta d}$
1				
2				
3				
4				
5				

$$\lambda = \frac{2\overline{\Delta d}}{N} = \underline{\qquad} \text{ nm}, \quad E = \frac{|\lambda - \lambda_0|}{\lambda_0} = \underline{\qquad} \%$$

[注意事项]

(1) 干涉仪是精密光学仪器,使用中一定要小心爱护,要认真做到:切勿用手触摸光学表面,防止唾液溅到光学表面上。

(2) 调节螺钉和转动手轮时,一定要轻、慢,决不允许强扭硬扳。

(3) 反射镜背后的粗调螺钉不可旋得太紧,以防止镜面变形。

(4) 调整反射镜背后粗调螺钉时,先要把微调螺钉调在中间位置,以便能在两个方向上做微调。

(5) 测量中,转动手轮只能缓慢地沿一个方向前进(或后退),否则会引起较大的空回误差。

[思考题]

调节迈克尔逊干涉仪时看到的亮点为什么是两排而不是两个?两排亮点是怎样形成的?

实验十三　阿贝折射仪测定物质折射率

[**实验目的**]

(1) 了解阿贝折射仪的原理,学会阿贝折射仪的调整和使用方法。
(2) 掌握用掠射入法测定物质折射率。
(3) 了解对葡萄糖溶液折射率的测定方法,确定其浓度。

[**实验器材**]

阿贝折射仪、待测液体(若干)、葡萄糖溶液(若干不同浓度值)、无水乙醇(若干)、蒸馏水(若干)、镜头纸、滴管(3支)。

[**仪器描述**]

1. 阿贝折射仪的外形结构　如图13-1所示。

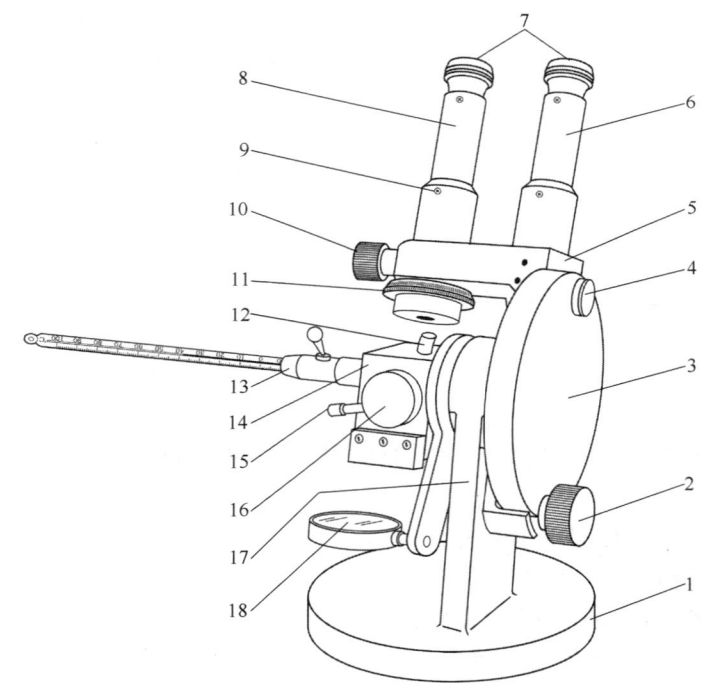

图 13-1　阿贝折射仪示意图

1. 底座　2. 棱镜转动手轮　3. 圆盘(内有刻度板)　4. 小反光镜　5. 支架　6. 读数镜筒　7. 目镜　8. 望远镜筒　9. 刻度调节螺丝　10. 阿米西棱镜手轮(消色散调节螺丝)　11. 色散值刻度圈　12. 棱镜锁紧扳手　13. 温度计座　14. 棱镜组　15. 恒温器接头　16. 保护罩　17. 主轴　18. 反光镜

2. 阿贝折射仪的组成　由测量系统和读数系统两部分组成,如图13-2所示。

(1) 测量系统:光线由反光镜进入进光棱镜,经过被测液体后射入折光棱镜,再经过两个阿米西棱镜,以消除色散,然后由物镜将黑白分界线成像于分划板(内有十字叉丝)上,经目镜放大后成像于观察者眼中。

(2)读数系统:光线由小反光镜照明圆盘,经转向棱镜及物镜将刻度成像于分划板上,再经目镜放大成像后以供观察。

刻度盘和棱镜组是同轴的,棱镜旋转手轮可同时转动棱镜组和刻度盘。在测量镜筒视场中若出现彩色区域,使分界不够明显,可旋转阿米西棱镜手轮,以调整棱镜的位置,抵消色散现象,至黑白分界

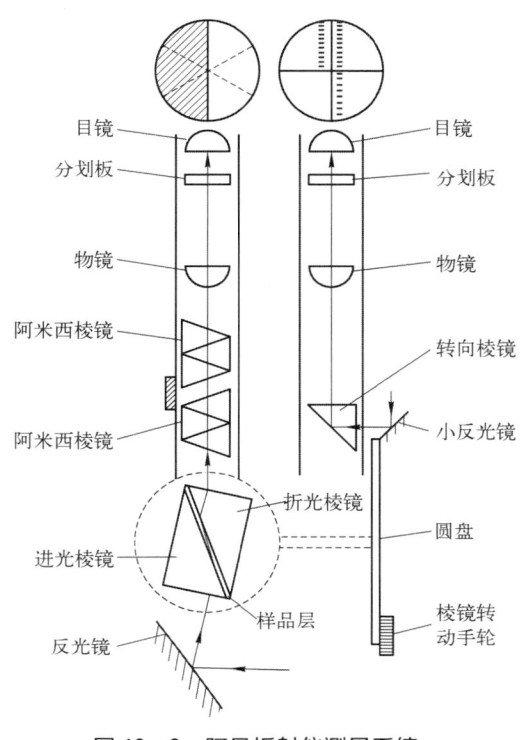

图 13-2 阿贝折射仪测量系统、读数系统

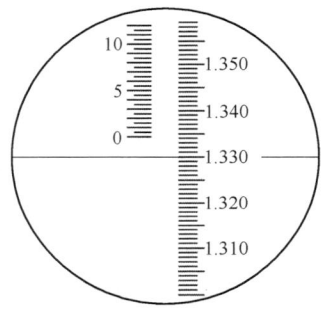

图 13-3 阿贝折射仪的读数

明显,调节棱镜转动手轮使叉丝交点与分界线重合。此时在读数镜筒分划板中的横线在右边刻度所指示的数值即为待测液体的折射率,如图 13-3 所示。对于糖溶液,还可以从分划板中的横线在左边刻度所指示的数据,得出该糖溶液中含糖量浓度百分数。

由于液体折射率随温度而变化,测量时需记录液体的温度,本仪器备有温度计插孔和恒温器接头。

[**实验原理**]

折射率是物质的重要光学常数之一,可借以了解该物质的光学性能、纯度和浓度等。阿贝折射仪是药物鉴定中常用的分析仪器,主要用于测定透明液体的折射率。

阿贝折射仪是根据全反射原理设计的。当光线从折射率大的(光密)介质 n_2 进入折射率较小的(光疏)介质 n_1 时,改变入射光线的入射角,可使折射光线的折射角达到 90°,此时的入射角称为全反射临界角,满足

$$i_0 = \arcsin \frac{n_1}{n_2} \tag{13-1}$$

阿贝折射仪就是基于这种思路设计制造的,要求待测物质的折射率一定要小于仪器棱镜的折射率。

阿贝折射仪中的阿贝棱镜由两个直角棱镜(折射率为 n)组成,一个是进光棱镜,它的弦面是磨砂的,能产生均匀的漫反射光。另一个是折光棱镜,待测液加在两个棱镜的弦面之间,形成薄层,如图 13-4 所示。

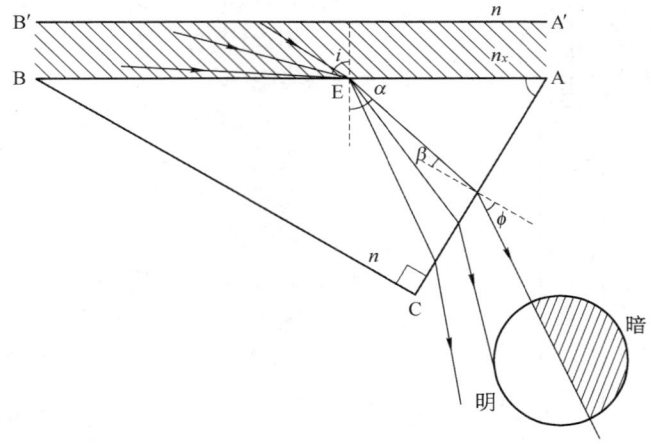

图 13-4 阿贝折射仪的原理图

磨砂面 A'B' 产生的漫反射光穿过液体层进入折光棱镜。由于漫反射光在各个方向上都有,因此在接触面 AB 上一点 E 的各光线有不同的入射角,最大的就是 90°,这条光线对应着最大的折射角。观察图 13-4 发现:对于入射角小于 90° 的光线,它的折射光线在 90° 折射光线的下侧形成明亮区域,在 90° 折射光线的上侧形成黑色区域。

若某光线以入射角 i 射向 AB 面,经棱镜两次折射后,从 AC 面以 ϕ 出射,由 $n_x < n$ 及折射定律可知

$$\begin{cases} n_x \sin i = n \sin \alpha \\ n \sin \beta = \sin \phi \end{cases} \quad (13-2)$$

其中 α 为 AB 面上的折射角,β 为 AC 面上的入射角,A 为折射顶角。

由于
$$A = \alpha + \beta \quad (13-3)$$

则由式(13-2)、(13-3),消去 α、β 可以得

$$n_x \sin i = \sin A \sqrt{n^2 - \sin^2 \phi} - \cos A \sin \phi$$

对于入射角为 90° 的光线,有

$$n_x = \sin A \sqrt{n^2 - \sin^2 \phi} - \cos A \sin \phi \quad (13-4)$$

由式(13-4)可以看出:若折光棱镜的折射率 n、折射顶角 A 已知,只要测出出射角 ϕ 即可求出待测液体的折射率 n_x,而阿贝折射仪的刻度盘上直接刻有与 ϕ 角对应的 n_x 值,可直接从刻度盘上读出 n_x 值。

阿贝折射仪是用白光(日光或普通灯光)作为光源,而白光是连续光谱,由于液体的折射率与波长有关,对于不同波长的光线,有不同的折射率,因而不同波长的入射光线,其临界角和出射角也各不相同。所以,用白光照射时就不能观察到明暗半影,而将呈现一段五彩缤纷的彩色区域,也就无法准确地测量液体的折射率。为了解决这个问题,在阿贝折射仪的望远镜筒中装有阿米西棱镜,又称光补偿器。测量时,旋转阿米西棱镜手轮使色散为零,各种波长的光的极限方向都与钠黄

光的极限方向重合,视场仍呈现出半边黑色、半边白色,黑白分界线就是钠黄光的极限方向,测量范围是 1.300 0~1.700 0。另外,光补偿器还附有色散值刻度圈,读出其读数,利用仪器附带的卡片,还可以求出待测物的色散率。

[实验步骤]

1. 校准仪器　仪器在测量前,先要进行校准。校准时可用蒸馏水($n_D^{20} = 1.333\,0$)或标准玻璃块进行(标准玻璃块标有折射率)。

(1) 用蒸馏水校准

1) 将棱镜锁紧扳手 12 松开,将棱镜擦干净(注意:用无水乙醇或其他易挥发溶剂,用镜头纸擦干)。

2) 用滴管将 2~3 滴蒸馏水滴入两棱镜中间,合上并锁紧。

3) 调节棱镜转动手轮 2,使折射率读数恰为 1.333 0。

4) 从测量镜筒中观察黑白分界线是否与叉丝交点重合。若不重合,则调节刻度调节螺丝 9,使叉丝交点准确地和分界线重合。若视场出现色散,可调节阿米西棱镜手轮 10 至色散消失。

(2) 用标准玻璃块校准

1) 松开棱镜锁紧扳手,将进光棱镜拉开。

2) 在玻璃块的抛光底面上滴溴代萘(高折射率液体),把它贴在折光棱镜的 DE 面上,玻璃块的抛光侧面应向上(图 13-5),以接受光线,使测量镜筒视场明亮。

3) 调节棱镜转动手轮 2,使折射率读数恰为标准玻璃块已知的折射率值。

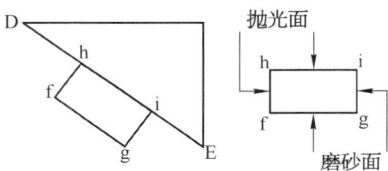

图 13-5　标准玻璃块

4) 从测量镜筒中观察。若分界线不与叉丝交点重合,则调节刻度螺丝 9 使它们重合。若有色散,则调节阿米西棱镜手轮 10 消除色散。

2. 测定某液体的折射率

(1) 将进光棱镜和折光棱镜擦干净。

(2) 滴 2~3 滴待测液体在进光棱镜的磨砂面上,并锁紧(若溶液易挥发,须在棱镜组侧面的一个小孔内加以补充)。

(3) 旋转手轮棱镜转动 2,在测量镜筒中将观察到黑白分界线在上下移动(若有彩色,则转动阿米西棱镜手轮 10 消除色散,使分界线黑白分明),至视场中黑白分界线与叉丝交点重合为止。

(4) 在读数镜筒中,读出分划板中横线在右边刻度所指示的数据,即为待测液体的折射率 n,并记录。

(5) 重复测量 3 次,求折射率的平均值。

(6) 记录室温。

注意:若需要测量在不同温度时液体的折射率,可将温度计旋入插座内,接上恒温器,并调节到所需的温度,待稳定后,按上述步骤进行测量。

3. 测葡萄糖溶液的折射率 n 与其浓度 c 的关系曲线　实验步骤与"测定某液体的折射率"同,换上不同浓度的葡萄糖溶液,测 9 组对应的 n、c 值,然后以 c 为横坐标、n 为纵坐标,在坐标纸上作出葡萄糖溶液的 n-c 关系曲线。

[**数据记录与处理**]

1. 测定某液体的折射率。

表 13-1 测定某液体的折射率

分度值：_____ 实验温度：$t = $_____ ℃

项目 次数	n_i	平均值 $n' = \dfrac{1}{3}\sum\limits_{i=1}^{3} n_i$	绝对误差 $\Delta n_i' = \lvert n' - n_i \rvert$	平均绝对误差 $\Delta n' = \dfrac{1}{3}\sum\limits_{i=1}^{3}\Delta n_i'$	测量结果 $n' \pm \Delta n'$
1					
2					
3					

2. 测葡萄糖溶液的折射率及浓度，做 n-c 曲线。

表 13-2 测葡萄糖溶液的折射率及浓度

待测量 次数	n	c
1		
2		
3		
4		
5		
6		
7		
8		
9		

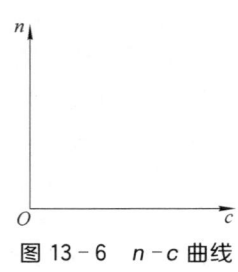

图 13-6 n-c 曲线

[**注意事项**]

(1) 阿贝棱镜质地较软，用滴管加液时，不能让滴管碰到棱镜面上，以免划伤。合并棱镜时，应防止待测液层中存在气泡。

(2) 实验前，应首先用蒸馏水或标准玻璃块来校正阿贝折射仪的读数。

(3) 测固体折射率时，接触液溴代萘的用量要适当，不能涂得太多，过多则待测玻璃或固体容易滑下、损坏。

(4) 实验后，用清洁液(如乙醚、乙醇等易挥发的液体)擦洗棱镜并擦干，整理放妥。

[**思考题**]

(1) 在阿贝折射仪测液体折射率实验中，半影视场是怎么产生的？

(2) 能否用阿贝折射仪来测折射率大于折光棱镜折射率的液体？为什么？

(3) 为什么用标准玻璃块校准时要滴一滴高折射率液体？

(4) 在测量蒸馏水的折射率与温度实验曲线时，若水分蒸发完了，则会出现什么现象？为什么？

实验十四 光电比色计测定溶液的浓度

[实验目的]

(1) 了解光电比色计的基本结构,掌握其测量原理。
(2) 掌握使用光电比色计测定溶液浓度的方法。

[实验器材]

581—S 型光电比色计、滤色片、已知浓度的标准溶液、待测溶液、脱脂棉等。

[仪器描述]

本实验用的是 581—S 型光电比色计,如图 14-1 和图 14-2 所示,电源可以直接用 220 V 频率为 50 Hz 的交流电,也可用 6 V 直流电源。光电比色计由光源、单色器、样品室、光电二极管、微电流放大器、对数放大器、数字电压表等部分组成。

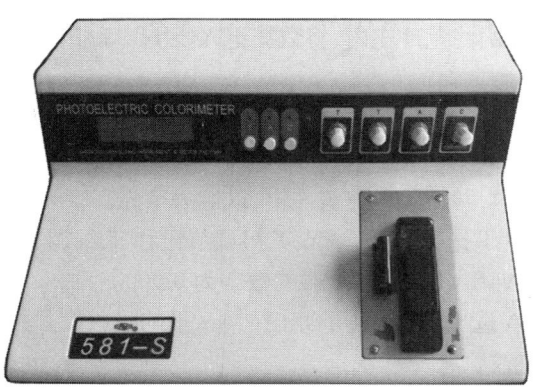

图 14-1 581—S 光电比色计实物图

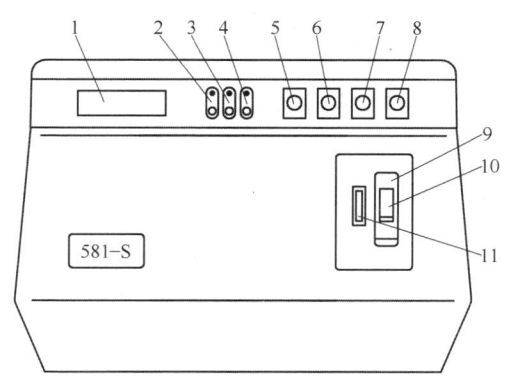

图 14-2 581—S 光电比色计外形示意图

1. 显示器 2. T 选择开关 3. A 选择开关 4. C 选择开关 5. T 粗调节钮 6. T 细调节钮 7. A 调零钮 8. C 校正节钮 9. 比色皿座 10. 比色皿盖 11. 滤色片

581—S 型光电比色计仪器外形小巧、结构简单,数字显示清晰、精度高。仪器无须进行暗电流调零,操作方便、测试迅速。其光路如图 14-3 所示。

[实验原理]

当一束平行单色光照射厚度相同、浓度很小的溶液时,根据朗伯-比尔定律,光被溶液吸收的程度与溶液的浓度成正比,即

$$A = \varepsilon C L \qquad (14-1)$$

式中 A 为吸收度，C 为溶液的浓度，L 为溶液的厚度，ε 为消光系数。

光通过溶液时一部分被吸收，另一部分会透射，把透射光的强度与入射光的强度之比称为透射比，通常用 T 表示，吸收度 A 与透射比 T 的关系为

$$A = -\lg T \qquad (14-2)$$

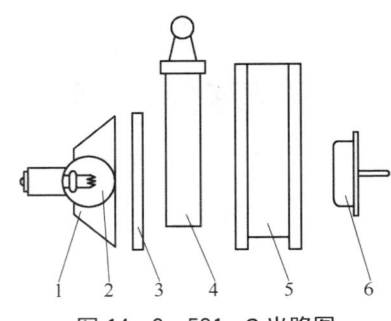

图 14-3　581—S 光路图

1. 反射镜　2. 灯泡　3. 绝热玻璃
4. 滤色片　5. 比色皿　6. 光电二极管

用同一种方法配制的标准溶液和待测溶液，其浓度分别为 C_1 和 C_2，对同类溶液 ε 相同，当厚度也相同时，则有

$$A_1 = \varepsilon C_1 L \qquad A_2 = \varepsilon C_2 L$$
$$C_2 = \frac{A_2}{A_1} C_1 \qquad (14-3)$$

式中 A_1、A_2 可有光电比色计直接读出，C_1 为标准溶液的已知浓度，据此可算出待测溶液的浓度 C_2。

[实验步骤]

1. 测量前的准备

(1) 仪器置于坚固的工作台上，以免被测溶液倾斜而造成测量误差。

(2) 按"互补色原理"选择所需滤色片，插入仪器的滤色片座内，将数据记入表 14-1 中。

(3) 接通电源，预热 15 分钟。

2. 溶液吸收度的测定

(1) 在一只比色皿中注入蒸馏水作空白液，另一只比色皿加入标准溶液。

(2) 将两只比色皿插入仪器上活动的比色皿座内，并将比色皿盖盖上，以遮去杂光。

(3) 将注入空白蒸馏水的比色皿推入光路，按下 T 选择开关，调节 T 粗调节钮和 T 细调节钮，使显示器的数字为 100.0。按下 A 选择开关，调节 A 调零钮，使显示器的数字为 0.000。

(4) 将加入标准试液的比色皿推入光路，按下 A 选择开关，即可读出待测试液的吸收度。将数据记入表 14-2 中。

(5) 重复(3)、(4)操作，对标准溶液进行 5 次测量，将测得的数据记入表 14-2 中。

(6) 将待测溶液加入比色皿，重复步骤(3)、(4)，将待测溶液的吸收度记入表 14-2 中。

[数据记录及处理]

表 14-1　滤色片的选择

溶 液 颜 色	滤 色 片 号 码

表 14-2 待测溶液的浓度

次数	A_1	$\Delta A_1 = |\overline{A_1} - A_1|$	A_2	$\Delta A_2 = |\overline{A_2} - A_2|$	$C_2 = \dfrac{A_2}{A_1} C_1$	$\Delta C_2 = |\overline{C_2} - C_2|$
1						
2						
3						
4						
5						
平均	$\overline{A_1} =$	$\overline{\Delta A_1} =$	$\overline{A_2} =$	$\overline{\Delta A_2} =$	$\overline{C_2} =$	$\overline{\Delta C_2} =$

待测溶液浓度的平均绝对误差 $\qquad \overline{\Delta C_2} = \dfrac{\sum\limits_{i=1}^{5} \Delta C_{2i}}{5}$

待测溶液的相对误差 $\qquad E = \dfrac{\overline{\Delta C_2}}{\overline{C_2}} = \dfrac{\overline{\Delta A_1}}{\overline{A_1}} + \dfrac{\overline{\Delta A_2}}{\overline{A_2}}$

待测溶液的浓度 $\qquad C_2 = \overline{C_2} \pm \overline{\Delta C_2}$

[**注意事项**]

(1) 仪器须按顺序操作,不要任意按动各种键钮。

(2) 仪器应当置于干燥的地方,以免受潮而影响测量的正确性。

(3) 把按互补色原理选择的适当的滤色片插入仪器的滤色片座内,每次插入时应保证它的同一面面对比色皿。

(4) 用过的比色皿,应用蒸馏水洗净并用细软且能吸水的布或镜头纸揩干。

(5) 在拿比色皿时,应执握比色皿的磨砂表面(即侧面),不应触及比色皿的光学平面,从而避免透光度受到影响。

(6) 测量时应防止比色皿中的溶液漏入仪器中。

(7) 仪器长期搁置后再次使用时,必须增加预热时间(至少 1 小时以上)。

(8) 为保证测量时吸光度的精度,应经常进行校正,具体步骤如下:① 将注入空白蒸馏水的比色皿推入光路,按下 T 选择开关,调节 T 调节钮,使数字显示为 100.0。按下 A 选择开关,调节 A 调零钮,使数字显示为 0.000。② 按下 T 选择开关,调节 T 调节钮,使数字显示为 10.0。按下 A 选择开关,用螺丝刀调节仪器后侧的 A(1)校正电位器,使数字显示为 1.000。

[**思考题**]

(1) 在实验中,你选用的是什么颜色的滤色片?为什么?

(2) 光电比色计为什么要用互补色滤色片?

(3) 分析本实验中造成误差的主要原因是什么?

实验十五　电位、电压的测定及基尔霍夫定律的验证

[实验目的]

(1) 了解实验室电源和熟悉实验平台。
(2) 掌握直流稳压电源、万用电表、直流数字电压表和直流数字毫安表的使用方法。
(3) 用实验证明电路中电位的相对性、电压的绝对性,加深对电压、电位的了解。
(4) 验证基尔霍夫定律的正确性,加深对基尔霍夫定律的了解。
(5) 了解简单的故障检查与分析。

[实验器材]

可调直流稳压电源(0～30 V)、直流数字电压表、直流数字毫安表、万用电表、基尔霍夫定律实验线路板(DGJ-03)。

[实验原理]

1. 电位和电压　电路中计算或测量各点的电位时,需先选定一个参考点,并规定此参考点的电位为零。由于选取不同的点作为参考点,电路中各点的电位也随之改变。所以,电位是一个相对的物理量,即各点电位的数值与极性和所选的参考点有关。

电压是指电路中任意两点之间的电位差值。它的大小、极性与选取的电位参考点无关,但如电路组成确定,其大小和极性即为一定。

2. 基尔霍夫电流定律　在电路的任一节点,流入、流出该节点电流的代数和为零。即

$$\sum_{i=1}^{n} I_i = 0$$

3. 基尔霍夫回路电压定律　在电路中的任一闭合回路,电压的代数和为零。即

$$\sum_{i=1}^{n} I_i R_i + \sum_{i=1}^{n} \varepsilon_i = 0$$

[实验步骤]

1. 电位、电压的测定实验电路　如图 15-1 所示。

(1) 分别将两路 0～+30 V 可调直流稳压电源接入电路,令 $\varepsilon_1 = 6$ V, $\varepsilon_2 = 12$ V。

(2) 测量电位,可用万用电表的直流电压挡或用直流数字电压表测量,用负表笔(黑色)接参考电位点,用正表笔(红色)接被测各点,若指针正向偏转或显示正值,则表明该点电位为正(即高于参考点电位);若指针反向偏转或显示负值,应调换电表的表笔,然后读出数值,此时电位值为负值(表明该点电位低于参考点电位)。

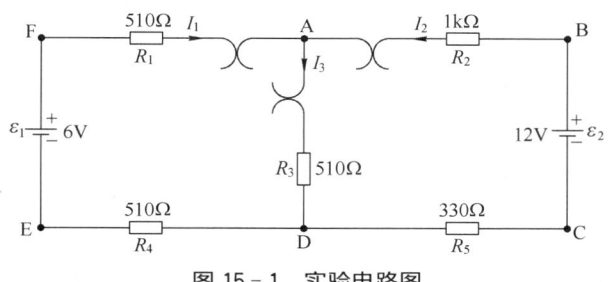

图 15-1 实验电路图

(3) 以图 15-1 中的 A 点作为电位参考点,分别测量 B、C、D、E、F 各点的电位值 V 及相邻两点之间的电压值 U_{AB}、U_{BC}、U_{CD}、U_{DE}、U_{EF}、U_{FA} 及 U_{AD},数据列于表 15-1 中。

(4) 以 D 点作为参考点,重复实验步骤(3)的内容,测得数据列表 15-1 中。

2. 基尔霍夫定律实验电路 如图 15-1 所示。

(1) 实验前先任意设定三条支路的电流参考方向,如图 15-1 的 I_1、I_2、I_3 所示。

(2) 分别将两个直流稳压电源(均为 0~+30 V 可调直流稳压电源)接入电路,令 $\varepsilon_1 = 6$ V,$\varepsilon_2 = 12$ V。

(3) 熟悉电流插头的结构如图 15-2 所示,将电流插头的两端接至直流数字毫安表的"+、-"两端。

(4) 将电流插头分别插入图 15-1 中的三条支路的三个电流插座中,记录电流值。

(5) 用直流数字电压表分别测量电源及电阻两端的电压值。

3. 线路故障的检测 将电路中的电源关闭,拆线后,分别设置故障1、故障2、故障3(即将三个故障的按钮按下),并用万用电表欧姆挡检查电路中三个故障各是什么,记录在表 15-3 中。

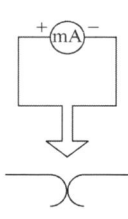

图 15-2
电流插头结构图

[数据记录与处理]

表 15-1 电位、电压的测定

电位参考点	V 与 U	V_A (V)	V_B (V)	V_C (V)	V_D (V)	V_E (V)	V_F (V)	U_{AB} (V)	U_{BC} (V)	U_{CD} (V)	U_{DE} (V)	U_{EF} (V)	U_{FA} (V)	U_{AD} (V)
A	测量值													
D	测量值													

表 15-2 基尔霍夫定律的验证

被测值	I_1(mA)	I_2(mA)	I_3(mA)	E_1(V)	E_2(V)	U_{FA}(V)	U_{AB}(V)	U_{AD}(V)	U_{CD}(V)	U_{DE}(V)
测量值										

表 15-3 电路故障的检测

故障 1	故障 2	故障 3

[注意事项]

(1) 测量电流时,电流表量程的选择要恰当。
(2) 用电流插头测量各支路电流时,应注意仪表的极性及数据表格中"＋、－"号的记录。
(3) 测量电压值时,以测量电压表读数为准,不以电源表盘指示值为准。
(4) 防止电源两端碰线短路。

[思考题]

(1) 在基尔霍夫定律实验中,若用万用电表直流毫安档测各支路电流,什么情况下可能出现毫安表指针反偏,应如何处理,在记录数据时应注意什么?若用直流数字毫安表进行测量时,则会有什么显示呢?

(2) 在线路故障检查中为什么要先关闭电源并将线拆开后才能进行检查?为什么不用电压挡和电流挡来检查?

(3) 总结电压和电位的关系,分析参考点的选择对电位和电压的影响。

实验十六　霍尔位置传感器测杨氏模量

[**实验目的**]

(1) 熟悉霍尔位置传感器的特性。
(2) 熟悉用弯曲法测量黄铜的杨氏模量。
(3) 了解在测黄铜杨氏模量的同时,对霍尔位置传感器定标。
(4) 了解用霍尔位置传感器测量可锻铸铁的杨氏模量。

[**实验器材**]

霍尔位置传感器测杨氏模量装置、霍尔位置传感器输出信号测量仪(包括直流数字电压表)、黄铜样品、可锻铸铁样品、游标卡尺。

[**仪器描述**]

杨氏模量测定仪主体装置如图 16-1 所示。

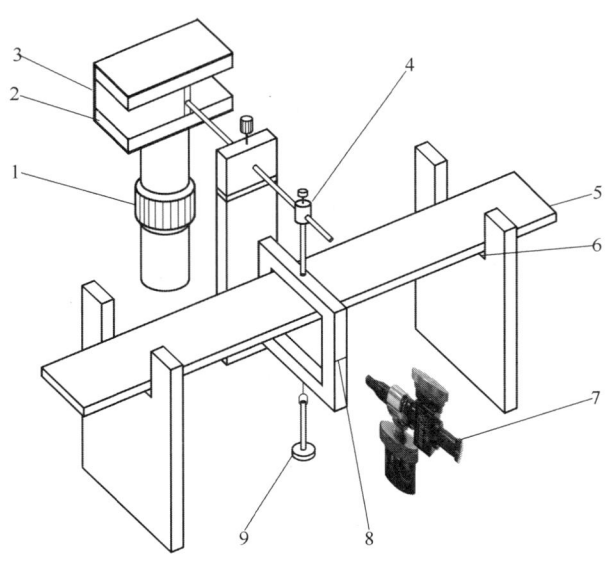

图 16-1　杨氏模量测定仪示意图
1. 三维调节架　2. 磁铁(N 极相对放置)　3. 磁铁盒　4. 铜杠杆(顶端装有 95A 型集成霍尔传感器)　5. 横梁　6. 刀口　7. 读数显微镜　8. 铜刀口上的基线　9. 砝码

[实验原理]

1. 霍尔电势差 霍尔元件置于磁感应强度为 B 的磁场中,在垂直于磁场方向通以电流 I,则与这两者相垂直的方向上将产生霍尔电势差 U_H

$$U_H = KIB \tag{16-1}$$

式中 K 为元件的霍尔灵敏度。如果保持霍尔元件的电流 I 不变,而使其在一个均匀梯度的磁场中移动时,则输出的霍尔电势差变化量为

$$\Delta U_H = KI \frac{dB}{dZ} \Delta Z \tag{16-2}$$

式中 ΔZ 为位移量,此式说明若 $\frac{dB}{dZ}$ 为常数时, ΔU_H 与 ΔZ 成正比。

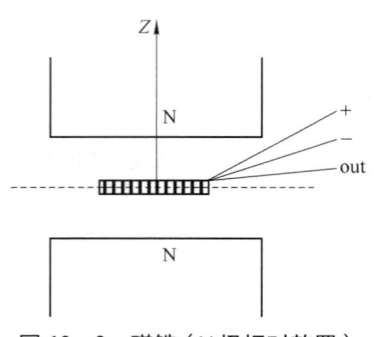

图 16-2 磁铁(N 极相对放置)

如图 16-2 所示,为实现均匀梯度的磁场,把两块相同的磁铁(磁铁截面积及表面磁感应强度相同)N 极与 N 极相对放置,两磁铁之间留一等间距间隙,霍尔元件平行于磁铁放在该间隙的中轴上。间隙大小要根据测量范围和测量灵敏度要求而定,间隙越小,磁场梯度就越大,灵敏度就越高。磁铁截面要远大于霍尔元件,以尽可能减少边缘效应的影响,提高测量精确度。

若磁铁间隙内中心截面处的磁感应强度为零,霍尔元件处于该处时,输出的霍尔电势差为零。当霍尔元件偏离中心沿 Z 轴发生位移时,由于磁感应强度不再为零,霍尔元件也就产生相应的电势差输出,其大小可以用数字电压表测量。由此可以将霍尔电势差为零时元件所处的位置作为位移参考零点。霍尔电势差与位移量之间存在一一对应关系,当位移量较小(<2 mm)时,这一对应具有良好的线性关系。

2. 杨氏模量 物体(包括固体、液体及气体)在受外力作用下,其大小与形状会发生改变,称为形变。当外力不超过某一限度时,撤去外力,物体能完全恢复原来的形状,这种形变称为弹性形变。弹性形变分为正应变、切应变和体应变三种。

一段固体棒,在其两端沿轴方向施加大小相等、方向相反的外力 F,其长度 l 发生改变 Δl,以 S 表示横截面积,称 $\frac{F}{S}$ 为正应力 σ, $\frac{\Delta l}{l}$ 为正应变 ε。在弹性限度内,由胡克定律 $\sigma = Y\varepsilon$,得

$$\frac{F}{S} = Y \frac{\Delta l}{l}$$

Y 称为杨氏模量,其数值与材料性质有关。根据材料力学理论,可得

$$Y = \frac{d^3 mg}{4a^3 b \Delta Z}$$

下面我们具体推导这式子,在横梁发生微小弯曲时,梁中存在一个中性面,面上部分发生压

缩,面下部分发生拉伸,所以整体说来,可以理解横梁发生长度改变,即可以用杨氏模量来描写材料的性质。如图 16-3 所示,虚线表示弯曲梁的中性面,易知其既不拉伸也不压缩,取弯曲梁的一小段为 dx。

设其曲率半径为 $R(x)$,所对应的张角为 $d\theta$,再取离中性面距离为 y、厚为 dy 的一层面为研究对象,那么,梁弯曲后其长度变为 $(R(x)-y)d\theta$,所以,变化量为

$$(R(x)-y)d\theta - dx$$

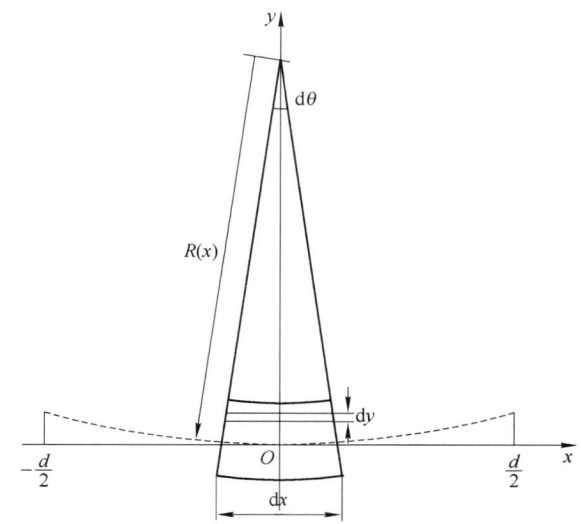

图 16-3 横梁弯曲示意图

又

$$d\theta = \frac{dx}{R(x)}$$

所以

$$(R(x)-y)d\theta - dx = (R(x)-y)\frac{dx}{R(x)} - dx = -\frac{y}{R(x)}dx$$

所以应变为

$$\varepsilon = -\frac{y}{R(x)}$$

根据胡克定律有

$$\frac{dF}{dS} = -Y\frac{y}{R(x)}$$

又

$$dS = b\,dy$$

所以

$$dF(x) = -\frac{Yby}{R(x)}dy$$

对中性面的转矩为

$$d\mu(x) = |dF| \, y = \frac{Yb}{R(x)}y^2 dy$$

积分得

$$\mu(x) = \int_{-\frac{a}{2}}^{\frac{a}{2}} \frac{Yb}{R(x)}y^2 dy = \frac{Yba^3}{12R(x)} \tag{16-3}$$

对梁上各点,有

$$\frac{1}{R(x)} = \frac{y''(x)}{[1+y'(x)^2]^{\frac{3}{2}}}$$

因梁的弯曲微小

$$y'(x) = 0$$

即

$$R(x) = \frac{1}{y''(x)} \tag{16-4}$$

梁平衡时,梁在 x 处的转矩应与梁右端支撑力 $\frac{mg}{2}$ 对 x 处的力矩平衡,

即
$$\mu(x) = \frac{mg}{2}\left(\frac{d}{2} - x\right) \tag{16-5}$$

根据式(16-3)、(16-4)、(16-5)可以得到

$$y''(x) = \frac{6mg}{Yba^3}\left(\frac{d}{2} - x\right)$$

据所讨论问题的性质有边界条件 $y(0) = 0$，$y'(0) = 0$
解上面的微分方程得到

$$y(x) = \frac{3mg}{Yba^3}\left(\frac{d}{2}x^2 - \frac{1}{3}x^3\right)$$

将 $x = \frac{d}{2}$ 代入上式，得右端点的 y 值

$$y = \frac{mgd^3}{4Yba^3}$$

又
$$y = \Delta Z$$

所以，杨氏模量 Y 可以用下式表示

$$Y = \frac{d^3 mg}{4a^3 b \Delta Z} \tag{16-6}$$

其中，d 为两刀口之间的距离，m 为所加砝码的质量，a 为梁的厚度，b 为梁的宽度，ΔZ 为梁中心由于外力作用而下降的距离，g 为重力加速度。

[实验步骤]

1. 测量黄铜样品的杨氏模量和霍尔位置传感器的定标

(1) 调节三维调节架的调节螺丝，使集成霍尔位置传感器探测元件处于磁铁中间的位置。

(2) 用水准器观察是否在水平位置，若偏离时可以用底座螺丝调节。

(3) 调节霍尔位置传感器的毫伏表。磁铁盒下的调节螺丝可以使磁铁上下移动，当毫伏表数值很小时，停止调节固定螺丝，最后调节调零电位器使毫伏表读数为零。

(4) 调节读数显微镜，观察十字线及分划板刻度线和数字清晰度。然后移动读数显微镜前后距离，使之能够清晰地看到铜刀口上的基线。转动读数显微镜的鼓轮使铜刀口上的基线与读数显微镜内十字刻度线吻合，记下初始读数值。

(5) 逐次增加砝码 m_i（每次增加 20 g 砝码），相应从读数显微镜上读出梁的弯曲位移 ΔZ_i 及数字电压表相应的读数值 U_i（单位 mV），以便于计算杨氏模量和对霍尔位置传感器进行定标。

(6) 测量横梁两刀口间的长度 d 及测量不同位置(多次测量取平均)横梁宽度 b 和梁厚度 a。

(7) 用逐差法按式(16-6)进行计算，求得黄铜材料的杨氏模量，并求出霍尔位置传感器的灵敏度 $\Delta U_i / \Delta Z_i$，并把测量值与公认值进行比较。

2. 用霍尔位置传感器测量可锻铸铁的杨氏模量 把黄铜样品换成可锻铸铁样品，重复以上步骤测量可锻铸铁的杨氏模量。

[**数据记录与处理**]

1. **霍尔位置传感器的定标** 在进行测量之前,要求符合上述安装要求,并且检查杠杆的水平、刀口的垂直、挂砝码的刀口处于梁中间,要防止外来因素(如风、振动)的影响,杠杆安放在磁铁的中间,注意不要与金属外壳接触,一切正常后加砝码,使梁弯曲产生位移 ΔZ;精确测量传感器信号输出端的数值与固定砝码架的位置 Z 的关系,也就是用读数显微镜对传感器输出量进行定标,测量数据列于表 16-1 之中,用最小二乘法拟合,可得 $U-Z$ 之间的线性关系。

表 16-1 霍尔位置传感器静态特性测量

m(g)	20.00	40.00	60.00	80.00	100.00	120.00
Z(mm)						
U(mV)						

2. **杨氏模量的测量** 用直尺测量横梁的长度 d,游标卡尺测其宽度 b,千分尺测其厚度 a。
(1) 利用已经标定的数值,测出黄铜样品在重物作用下的位移,测量数据见表 16-2。

表 16-2 黄铜样品的位移测量

m(g)	20.00	40.00	60.00	80.00	100.00	120.00
Z(mm)						

用逐差法对表 16-2 的数据算出样品在 $m=60.00$ g 的作用下产生的位移量 ΔZ,计算出黄铜的杨氏模量 $Y_{黄铜}$,并与公认值比较,计算误差,确定霍尔位置传感器的灵敏度。

(2) 利用已经标定的数值,测出可锻铸铁样品在重物作用下的位移,测量数据见表 16-3。

表 16-3 可锻铸铁样品的位移测量

m(g)	20.00	40.00	60.00	80.00	100.00	120.00
Z(mm)						

用逐差法对表 16-3 的数据算出样品在 $m=60.00$ g 的作用下产生的位移量 ΔZ,计算出可锻铸铁的杨氏模量 $Y_{可锻铸铁}$,并与公认值比较,计算误差。

[**注意事项**]

(1) 梁的厚度必须测准确。在用千分尺测量黄铜梁厚度 a 时,旋转千分尺,当将要与金属接触时,必须用微调轮。当听到"嗒嗒嗒"三声时,停止旋转。有个别学生的实验误差较大,其原因是千分尺使用不当,将黄铜梁厚度测得偏小。

(2) 读数显微镜的准丝对准铜挂件(有刀口)的标志刻度线时,注意要区别是黄铜梁的边沿,还是标志线。

(3) 霍尔位置传感器定标前,应先将霍尔传感器调整到零输出位置,这时可调节磁铁盒下的升降杆上的旋钮,达到零输出的目的。另外,应使霍尔位置传感器的探头处于两块磁铁的正中间稍偏下的位置,这样测量数据更可靠一些。

(4) 加砝码时,应该轻拿轻放,尽量减小砝码架的晃动,这样可以使电压值在较短的时间内达到稳定值,节省了实验时间。

[**思考题**]

(1) 弯曲法测杨氏模量的实验，主要测量误差有哪些？

(2) 如何调节读数显微镜？用霍尔位置传感器测量微小位移的方法有哪些优点？

(3) 本实验中哪一个量的不确定度对结果影响最大，如何改进？

(4) 本实验中用逐差法处理数据的优点是什么？

实验十七　简单的恒温自动控制电路

[**实验目的**]

(1) 了解晶体三极管恒温自动控制电路的原理。

(2) 掌握安装一组简单的恒温自动控制电路。

[**实验器材**]

水银导电温度计、恒温自动控制电路板、稳压电源(直流 6 V)、秒表、白炽灯(220 V,60 W)等。

[**仪器描述**]

水银导电温度计的基本结构如图 17-1 所示。它在普通水银温度计的基础上,把真空扁平玻璃管 5 接长,在里面装上金属探针 7,探针上端固定在扁形螺母 4 上,螺母拧在细丝杆 3 上,螺母与探针始终同步上下移动。在细丝杆上端固定一块方形软铁 2。预设温度时,只需将磁铁帽 1 套在其上,转动磁铁帽 1,可调节探针上下位置,探针下端所指示的温度与螺母 4 上沿的温度一致。在探针中部及水银柱上分别引出两根导线,可接入控制电路中。水银导电温度计上标有温度刻度。

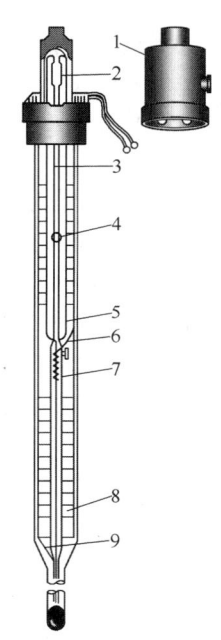

图 17-1　水银导电温度计

1. 磁铁帽　2. 方形软铁　3. 细丝杆　4. 螺母　5. 扁形玻璃管　6. 金属丝的引线　7. 探针　8. 刻度板　9. 水银引线

[**实验原理**]

在科研和生产中,常常需要将温度控制在一定的范围之内,这可以通过恒温控制电路来实现。控制恒温的方法有很多,本实验采用晶体管控制电路,用水银导电温度计作为感温元件,灯泡作为加热器件。

控制电路如图 17-2 所示,图中 R_1、R_2 是偏流电阻,其中 R_1 为固定电阻,R_2 为可变电阻,可用于调节晶体管基极电流,电路中 A、B 两点与水银导电温度计两根引线相连。继电器 J 的线圈接在三极管的集电极回路里,加热灯泡通过继电器常开开关 K 接到 220 V 交流电源上。

把水银导电温度计插入恒温器内(加热灯泡的上方),当恒温器内环境温度低于预设温度时,温度计中的水银柱与探针不接触,即电路中 A、B 两点断开,直流电压通过 R_1、R_2 加于三极管基极 b 与发射极 e 之间。调节 R_2,使集电极电流大

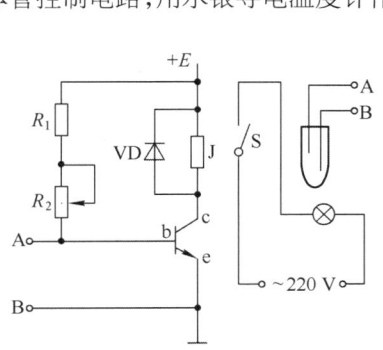

图 17-2　恒温控制电路示意图

于继电器吸合电流,继电器 J 吸和,常开开关 K 闭合。加热灯泡与 220 V 交流电源接通,灯泡发亮,恒温器内环境温度开始上升。

当环境温度上升到预设温度时,水银导电温度计中的水银柱与金属探针接触,则电路中 A、B 两点短接,此时三极管基极 b 与发射极 e 短路,基极电流降为零。由晶体三极管特性可知,集电极电流也随之趋近为零,继电器 J 释放,常开开关 K 断开,交流加热电路断路,灯泡停止加热。环境温度逐渐下降。A、B 断开,重复以上过程,这样周而复始,从而达到恒温控制的目的。

继电器释放时,线圈能产生自感电动势,为保护三极管,将二极管 D 与继电器线圈并联,以便给继电器线圈提供放电通路。

[实验步骤]

(1) 先不接入水银导电温度计,按电路图接好恒温控制电路,反复检查无误后再接通 6 V 直流电源和 220 V 交流电源。

(2) 调节 R_2,使集电极电流由小变大,当集电极电流比继电器吸合电流大(为 25%～30%)时,这是继电器的工作电流,通过这样的电流使继电器可靠地吸合。

(3) 调节水银导电温度计的预设温度(一般先取比室温高 5℃),将水银导电温度计的两根引线接到电路中 A、B 两点,置温度计于模拟恒温器内,不可碰到加热灯泡,观察灯泡亮灭情况。

(4) 当灯泡亮灭自如时,将灯泡亮灭 10 次的时间 t 记入表 17-1 中。再将预设温度调到高于室温 10℃、15℃、20℃、25℃、30℃、35℃,分别测出灯泡亮灭 10 次的时间,记入表 17-1 中。

(5) 断开交流与直流电源,拆除线路,整理器材。

[数据记录与处理]

表 17-1 灯泡亮灭 10 次所需时间

ΔT(℃)	5	10	15	20	25	30	35
t(s)							

以 T(室温 $+\Delta T$) 为纵轴,t 为横轴,建立坐标系,根据表中数据作出相应的点,并用光滑曲线连接各点。

[注意事项]

(1) 直流电源与二极管的极性不能接反,否则会毁坏三极管。

(2) 水银导电温度计极易损坏,使用时需特别小心。

(3) 电路中有 220 V 交流电,注意安全,电源接通时,不能用手接触继电器接点。

[思考题]

(1) 电路中的二极管起什么作用? 为什么?

(2) 如果二极管极性接反,结果如何?

(3) $t-T$ 图中曲线说明什么?

实验十八　光波波长的测定

[实验目的]
(1) 了解氢原子光谱的衍射现象,巩固光栅衍射的原理及氢原子光谱规律。
(2) 掌握用衍射光栅测定光波波长的方法。

[实验器材]
衍射光栅、氢光灯、光具座等。

[仪器描述]
在光具座上依次固定氢光灯、狭缝及标尺、衍射光栅,当氢光灯发出的光经狭缝照射到光栅时,可透过光栅观察氢原子光谱的衍射谱线在标尺上的虚像(图 18-1)。

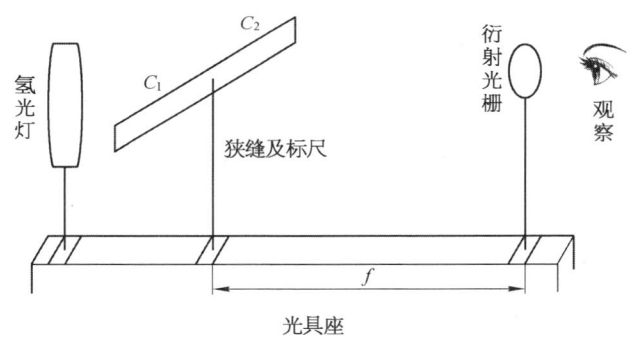

图 18-1　实验装置示意图

[实验原理]
衍射光栅是根据多缝衍射原理制成的一种光学元件,它能产生亮度较大、间距较宽的光谱线,常用来精确地测定光波波长及进行光谱分析。光栅是由一系列等宽又等间距的平行狭缝所组成。一般是在一片光学玻璃上进行刻划或用全息照相法做成刻痕或黑条纹,使光线不能通过,两刻痕或黑条纹间能透光,相当于狭缝。设缝宽为 a,间隔为 b,则 $d=a+b$ 为相邻两狭缝上相应两点之间的距离,称为光栅常数,是表征光栅特性的重要参数。

氢原子光谱指的是氢原子内电子在不同能级跃迁时所发射的光谱。氢原子光谱为不连续的线状光谱,在微波、红外光、可见光、紫外光区域都有其谱线。氢原子由一个质子及一个电子构成,是最简单的原子,因此其光谱也是最简单、最典型的原子光谱,是了解物质结构理论的主要基础。当用电激发氢放电管(氢光灯)中的稀薄氢气(压强在 102 Pa 左右),可得到线状氢原子光谱,本实验中观察到的是可见光区域的巴尔末线系。从红光向紫光方向,依次为 H_α、H_β、H_γ、H_δ、H_ε⋯ 它们的理论值见表 18-1。

表 18-1　氢原子光谱巴尔末线系的波长

谱线名称	H_α	H_β	H_γ	H_δ	H_ϵ
波长(nm)	656.280	486.133	434.047	410.174	397.007

当氢光灯发出的线状谱线经狭缝照射到衍射光栅上，产生衍射现象，透过衍射光栅可观察到各级衍射光谱。根据光栅方程

$$d\sin\theta = k\lambda \quad (k=0,\pm 1,\pm 2\cdots) \tag{18-1}$$

$k=0$ 是正对入射方向形成的亮线，称为零级亮线或零级像；$k=\pm 1$ 对称地出现于零级亮线两侧，称一级亮线或一级像；再往外，依次对称出现 $k=\pm 2,\pm 3\cdots$ 的二级像、三级像……

已知 k 和 d，测出 k 级亮线方向与入射线方向之间的夹角 θ，便可由光栅公式求出光波波长。在 θ 角度较小时，

$$\sin\theta \approx \tan\theta = \frac{C_1+C_2}{2f} \tag{18-2}$$

其中 C_1、C_2 分别为 k 级亮线(± 2 条)与狭缝中心之间的距离，f 为光栅与狭缝之间的距离，见图 18-1。

[**实验步骤**]

(1) 装好仪器，接通电源，使氢光灯正常发光。
(2) 观察氢原子光谱巴尔末线系的各级衍射谱线在标尺上的虚像，并找到 H_α、H_β 的一级亮线位置。
(3) 取 k 为 1，当 f 取不同值时，分别测出 H_α 的一级亮线与狭缝中心的距离 C_1、C_2，填入表 18-2，求 H_α 的谱线波长。
(4) 同理，当 f 取不同值时，分别测出 H_β 的一级亮线与狭缝中心的距离 C_1、C_2，填入表 18-3，求 H_β 的谱线波长。

[**数据记录与处理**]

表 18-2　当 $k=1$ 时，求 H_α 的波长

测量次数	f	C_1	C_2	$\sin\theta=\dfrac{C_1+C_2}{2f}$	$\lambda=\dfrac{d\sin\theta}{k}$
1					
2					
3					

表 18-3　当 $k=1$ 时，求 H_β 的波长

测量次数	f	C_1	C_2	$\sin\theta=\dfrac{C_1+C_2}{2f}$	$\lambda=\dfrac{d\sin\theta}{k}$
1					
2					
3					

将实验测得的 H_α、H_β 的波长与它们的理论值比较,计算其百分误差。

[注意事项]
氢光灯周围有高压,注意安全,不要触碰。

[思考题]
(1) k 的取值与实验结果有无影响?如果实验中 k 取 2,波长会有变化吗?
(2) 分析本次实验误差产生的原因。

实验十九　多普勒效应测量声速

[实验目的]

(1) 了解测量超声接收器运动速度与接收频率之间的关系,验证多普勒效应。

(2) 掌握由 f-v 关系直线的斜率求声速。

[实验器材]

多普勒效应综合实验仪。

[仪器描述]

多普勒效应综合实验仪由实验仪、超声发射接收器、红外发射接收器、导轨、运动小车、支架、光电门、电磁铁、弹簧、滑轮、砝码等组成(图 19-1)。

实验仪内置微处理器,带有液晶显示屏,实验仪的面板如图 19-2 所示。

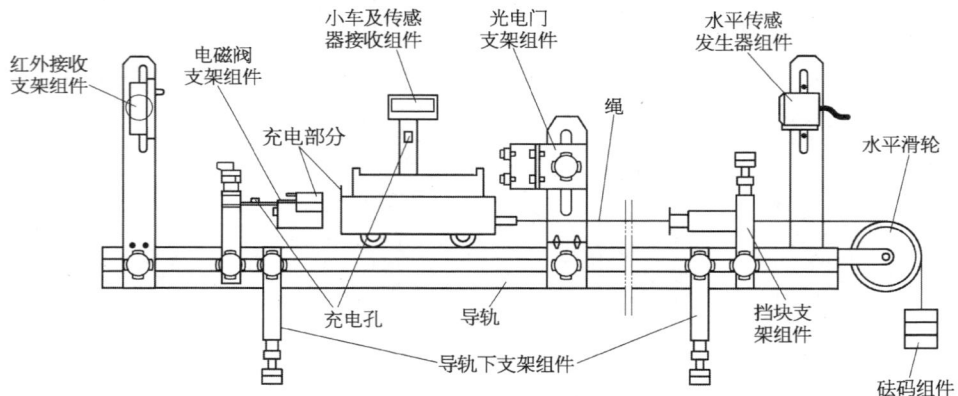

图 19-1　多普勒实验组件结构示意图

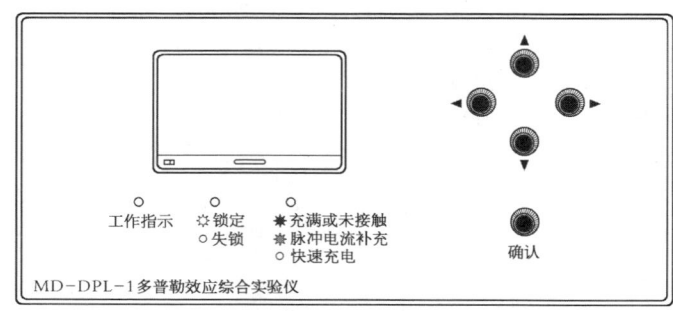

图 19-2　多普勒实验仪的面板

实验仪采用菜单式操作,显示屏显示菜单及操作提示,由▲▼◀▶键选择菜单或修改参数,按"确认"键后仪器执行。可在"查询"页面,查询到实验时已保存的实验数据。

[**实验原理**]

1. **超声的多普勒效应** 根据声波的多普勒效应公式,当声源与接收器之间有相对运动时,接收器接收到的频率 f 为

$$f = f_0 \frac{u + v_1 \cos \alpha_1}{u - v_2 \cos \alpha_2} \qquad (19-1)$$

式中 f_0 为声源发射频率,u 为声速,v_1 为接收器运动速率,α_1 为声源与接收器连线与接收器运动方向之间的夹角,v_2 为声源运动速率,α_2 为声源与接收器连线与声源运动方向之间的夹角。

若声源保持不动,运动物体上的接收器沿声源与接收器连线方向以速度 v 运动,则从式(19-1)可得接收器接收到的频率应为

$$f = f_0 \left(1 + \frac{v}{u}\right) \qquad (19-2)$$

当接收器向着声源运动时,v 取正,反之取负。

若 f_0 保持不变,以光电门测量物体的运动速度,并由仪器对接收器接收到的频率自动计数,根据式(19-2),做 f-v 关系图可直观验证多普勒效应,且由实验点做切线,其斜率应为 $k = \dfrac{f_0}{u}$,由此可计算出声速

$$u = \frac{f_0}{k} \qquad (19-3)$$

由式(19-2)可解出

$$v = u\left(\frac{f - f_0}{f_0}\right) \qquad (19-4)$$

若已知声速 u 及声源频率 f_0,通过设置使仪器以某种时间间隔对接收器接收到的频率 f 采样计数,由微处理器按式(19-4)计算出接收器运动速度,由显示屏显示 v-t 关系图,或调阅有关测量数据,即可得出物体在运动过程中的速度变化情况,进而对物体运动状况及规律进行研究。

2. **用光电门测物体运动速度的方法** 在运动物体上有一个 U 型挡光片,当它以速度 v 经过光电门时[图 19-3(a)],U 型挡光片两次切断光电门的光线。设挡光片的挡光前沿间距为 Δx[图 19-3(b)],两次切断光线的时间间隔被光电计时器记下为 Δt,则在此时间间隔中物体运动的速度 v 的平均值为

$$\bar{v} = \frac{\Delta x}{\Delta t} \qquad (19-5)$$

若挡光片的挡光前沿间距 Δx 比较小,则时间间隔 Δt 也就较小,此时速度的平均值 $\bar{v}$ 就近似可

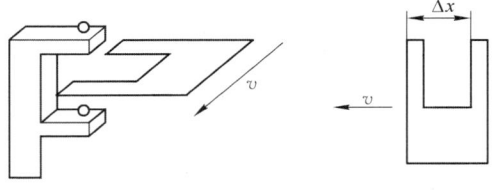

图 19-3 光电门及挡片结构示意图

作为即时速度 v。

[**实验步骤**]

1. 准备

(1) 按图 19-1 所示,将所有需固定的附件均安装在导轨上,并在两侧的安装槽上固定。调节水平超声发射器的高度,使其与超声接收器(已固定在小车上)在同一个平面上,再调整红外接收器高度和方向,使其与红外发射器(已固定在小车上)在同一轴线上。将组件电缆接入实验仪的对应接口上。安装完毕后,让电磁铁吸住小车,给小车上的传感器充电,第一次充电时间为 6~8 秒,充满后(仪器面板充电灯变绿色)可以持续使用 4~5 分钟。

(2) 实验仪开机后,首先要求输入室温。因为计算物体运动速度时要代入声速,而声速是温度的函数。利用◀ ▶将室温 T 值调到实际值,按"确认"。然后仪器将进行自动检测调谐频率 f_0,约几秒钟后将自动得到调谐频率,将此频率 f_0 记录下来,按"确认"进行后面的测量。

2. 测量

(1) 在液晶显示屏上,选中"多普勒效应验证实验",并按"确认"。

(2) 利用▶键修改测试总次数(选择范围 5~10,一般选 5 次),按▼,选中"开始测试"。

(3) 准备好后,按"确认",电磁铁释放,测试开始进行,仪器自动记录小车通过光电门时的平均运动速度及与之对应的平均接收频率。

(4) 每一次测试完成,都有"存入"或"重测"的提示,可根据实际情况选择,"确认"后回到测试状态,并显示测试总次数及已完成的测试次数。

(5) 改变砝码质量(砝码牵引方式),并退回小车让磁铁吸住,按"开始",进行第二次测试。

(6) 完成设定的测量次数后,仪器自动存储数据,并显示 f-v 关系图及测量数据。

[**数据记录与处理**]

1. 用▶键选中"数据",▼键翻阅数据。由仪器显示的 f-v 关系图可看出频率与速度的关系,若测量点成直线,符合式(19-2)描述的规律,即直观验证了多普勒效应。

表 19-1 实验测得的 f-v 值

测量次数	1	2	3	4	5
f(Hz)					
v (m/s)					

2. 用图解法计算 f-v 直线的斜率 k,根据记录的 f_0,由式(19-3)计算声速 u 并与声速的理论值比较,计算其百分误差。

[**注意事项**]

(1) 改变小车的运动速度,可用以下两种方式。① 砝码牵引:利用砝码的不同组合实现。② 用手推动:沿水平方向对小车施以变力,使其通过光电门。为便于操作,一般由小到大改变小车的运动速度。

(2) 安装滑轮时,滑轮支杆不能遮住红外接收和自由落体组件之间信号传输。

(3) 当砝码组件质量较小时,加速度较大,可能没几次采样后接收组件已落到底,此时可将后几次的速度值舍去。

(4) 在给小车充电时要注意,必须让小车上的充电板和电磁铁上的充电针接触良好。

[思考题]

(1) 若让声源保持不动,接收器远离声源运动,实验需如何改进?

(2) 分析本次实验误差产生的原因。

实验二十　小型制冷循环设备效率的测定

[实验目的]

(1) 了解电冰箱的工作原理,加深对热学基础知识的理解。

(2) 了解测定电冰箱的制冷系数。

[实验器材]

小型热学制冷循环实验装置(MD-QMR)、交流电压表、交流电流表。

[仪器描述]

制冷循环实验装置构造图如图20-1所示。

1. 冷冻室　其组成是在保温杯中盛2/3深度的含水乙醇作为冷冻物;用蛇形管蒸发制冷剂吸热;用加热器平衡制冷剂蒸发时的制冷量,温度计 t_0 用于读出冷冻室内含水乙醇的温度,以判断是否达到热平衡。

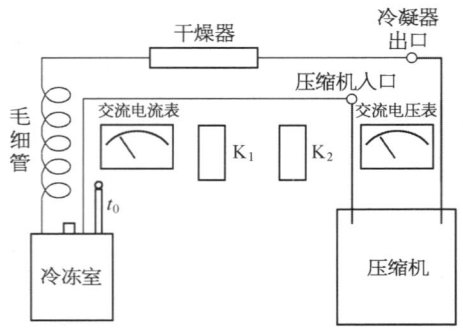

图20-1　制冷循环实验装置构造图

2. 冷凝剂　即散热剂。在实验装置的背后,接"冷凝器入口B"和"冷凝器出口E"。

3. 干燥管和毛细管　干燥管内装有吸湿剂,用于滤除制冷剂中可能存在的微量水分和杂质,防止在毛细管中产生冰阻塞。内径小于 0.2 mm 的毛细管用于制冷剂节流膨胀,产生焦耳-汤姆逊效应。

4. 压缩机和电流表　压缩机压缩制冷剂使其压力由低变高,电流表用于监视压缩机的工作电流。当电流大于 1 A 时,制冷系统可能有堵塞现象发生。请及时排除,以防止压缩机再次启动时过载。

小型电冰箱压缩机的内部包括压缩机和电动机两部分,由电动机拖动压缩机做功。电动机因种种损耗,输向压缩机的功率小于输入电动机的电功率 $P_电$,其效率 $\eta_电 \approx 0.8$。压缩机也因种种损耗,输出的功率小于电动机输向压缩机的功率,其效率 $\eta_压 \approx 0.65$,因此压缩机对制冷剂所做的功率 P(简称压缩机功率)

$$P = \eta P_电 = \eta_电 \eta_压 P_电 = 0.52 P_电 \qquad (20-1)$$

5. 开关　开关 K_1 为压缩机电源开关,K_2 为加热器电源开关。

[实验原理]

1. 制冷理论基础　热力学第二定律的克劳修斯理论提出不可能把热量从低温物体传到高温

物体而不引起外界变化。因此只能通过某种逆向的热力学循环,外界对系统做一定的功,使热量从低温物体 T_2(冷端)传到高温物体 T_1(热端),如图 20-2 所示,而 $Q_2=Q_1-W$。

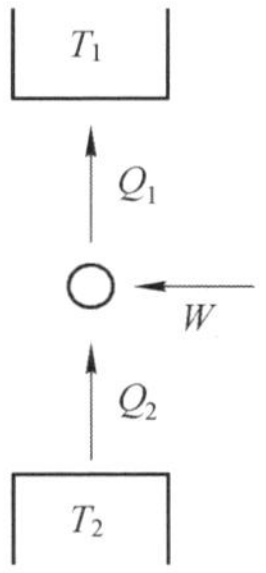

电冰箱是对循环制冷系统冷端的利用,称制冷机。

2. **制冷方式** 制冷可通过溶解、升华、蒸发、帕耳帖效应等方式。电冰箱利用氟利昂做制冷剂,当液体氟利昂在蒸发器里大量蒸发(实际是沸腾,但在制冷技术中习惯称为蒸发)时,带走所有的热量,从而达到制冷目的。因此,电冰箱是一种利用蒸发方式制冷的机器。

图 20-2 热量逆向传递示意图

3. **制冷剂氟利昂** 氟利昂是饱和碳氢化合物的氟、氯、溴衍生物的统称,本实验中所使用的氟利昂 R12 反分子式为 CCl_2F_2,国际统一符号为 R12。R12 无色、无味、无臭、无毒,对金属材料无腐蚀性。容积浓度达到 10% 左右时,对人没有任何不适的感觉。但达到 30% 时,人有窒息的危险。R12 不燃烧、不爆炸,但其蒸汽遇到 800℃ 以上的明火时,会分解产生对人体有害的毒气。R12 的几个相关参数见表 20-1。

表 20-1 R12 的几个相关参数

沸点(1atm)	−28.8℃	凝固点(1atm)	155℃
临界温度	112℃	临界压力	4.06 MPa

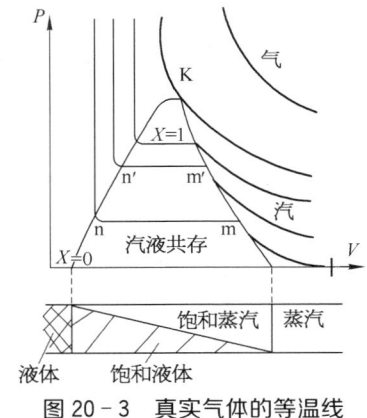

图 20-3 真实气体的等温线

4. **真实气体的等温线** 制冷剂在循环过程中的状态变化,遵循真实气体的变化规律,其 P-V 图如图 20-3 所示。从图可见,真实气体的等温线并非都是等轴双曲线。如在 m 点右边部分与理想气体的等温线相似,在 m 点气体开始液化,在 m 点到 n 点液化的过程中,体积虽在减少,但压力保持不变,是等压过程,其压力称为饱和蒸汽压,至 n 点气体完全液化。等温线的 mn 部分为饱和蒸汽、饱和液体共存的范围,但在 n 点的右边部分,曲线几乎与压力轴平行,这反映了液体的不易压缩性。随着温度的升高,汽液共存的范围从 mn 线段缩小为 m'n' 线段,而饱和蒸汽压增高,温度继续升高,等温线的平直部分缩成一点。

在 P-V 图上,不同等温线和液化终了的各点可以连成曲线 mKn。曲线 nK 的左边完全是液体,nK 线称为湿饱和液体线,以干度 $X=0$ 表示。曲线 mK 的右边完全是气体状态,mK 为干饱和蒸汽线,以干度 $X=1$ 表示(干度 X 表示汽液共存区里饱和蒸汽所占的比例,如干度 $X=0.3$,表示饱和蒸汽占 30%,饱和液体占 70%)。

5. **电冰箱的制冷循环** 电冰箱的制冷循环如图 20-4 所示,图 20-5 表示在 P-V 图上的制冷循环过程。

从图 20-5 可见,电冰箱的制冷循环主要有四个过程:压缩机压缩 R12 蒸汽,使它成为高温高压蒸汽。冷凝器(散热器)使高温高压蒸汽放热冷凝为中温高压液体。毛细管使中温高压液体节流膨胀为低温低压汽液混合体,并不断供向蒸发器。蒸发器使 R12 液体散热成低压蒸汽,从而达到制冷循环的目的。四个过程的具体情况如下。

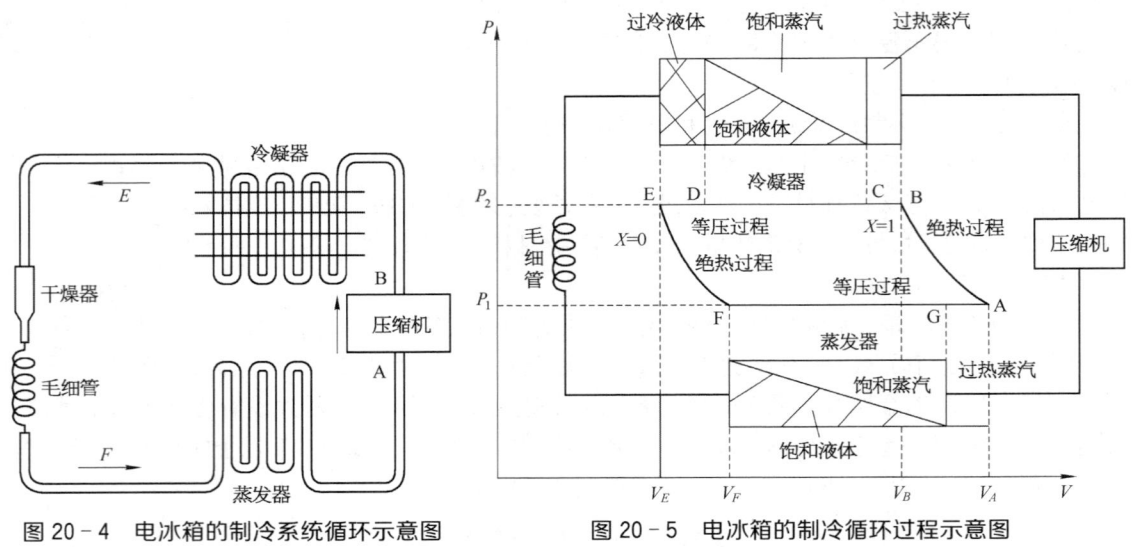

图 20-4 电冰箱的制冷系统循环示意图　　图 20-5 电冰箱的制冷循环过程示意图

(1) 压缩过程(绝热过程)：在压缩过程中，由于压缩活塞运动的速度很快，可以近似地看作是与外界没有热量交换的绝热压缩。P-V 图上为 A→B 的一条绝热线。绝热线所围的面积，即为压缩机对系统所做的功 W。

(2) 冷凝过程(等压过程)：从压缩机排出的制冷剂刚进入冷凝器时是过热蒸汽(B 点)，它被空气冷却成干饱和蒸汽(C 点)，并进一步冷却成湿饱和液体(D 点)，再进一步冷却成过冷液体直到 E 点。一般情况下，进入毛细管之前的制冷剂是过冷液体，这是等压过程，为冷凝压力 P_1，在 P-V 图中 B→C→D→E 为一条水平线，在此过程中制冷剂放出热量 Q_1。

(3) 减压过程(绝热过程)：制冷剂通过毛细管狭窄的通道时，由于摩擦，在流动方向产生压力下降，此乃焦耳-汤姆逊节流过程。P-V 图中 E→F 为一条绝热线。

(4) 蒸发过程(等压过程)：从毛细管出口经过蒸发器进入压缩吸入口为止的制冷剂状态尽管有变化，其压力是不变的，都是蒸发压力 P_2，进入蒸发器的制冷剂是汽液混合体(F 点)，制冷剂在通过蒸发器过程中从周围吸收热量，蒸发成干饱和蒸汽(G 点)，再进一步成过热蒸汽被压缩机吸入(A 点)。P-V 图中 F→G→A 为一条水平线，在此过程中制冷剂吸收热量 Q_2。

以上四个过程，构成电冰箱的制冷循环过程。

6. 制冷系数 ε　根据热力学第二定律，制冷机的制冷系数为：

$$\varepsilon = \frac{Q_2}{W} \tag{20-2}$$

式(20-2)表示：压缩机对系统所做的功 W 越小，低温热源吸收的热量 Q_2 越多，则制冷系数 ε 越大，越经济。制冷系数是反映制冷机制冷特性的一个参数，它可以大于 1，也可以小于 1。

如果把制冷机看作逆向卡诺循环机，则制冷系数

$$\varepsilon = \frac{T_2}{T_1 - T_2} \tag{20-3}$$

由此可见，T_1、T_2 越接近，即冷冻室的温度与室温接近时 ε 越大，消耗同样的功率，可以获得较

好的制冷效果。

[**实验步骤**]

1. 实验内容

(1) 压缩机功率的测量：用电流表和电压表测量冷冻室在不同温度 t_0 时压缩机电功率 $P_电$，得压缩机功率 P，记录在表 20-2 中。做出 P-t_0 的关系曲线图。

(2) 制冷量的测量：制冷量 Q 表示单位时间内，制冷剂通过蒸发器吸收的热量。测量时利用热平衡法，测出冷冻室在不同温度 t_0 时加热器的加热功率 $P_加$，即制冷量 Q，将实验数据记录在表 20-3 中，并做出 Q-t_0 的关系曲线图。

(3) 求制冷系数

$$\varepsilon = \frac{Q_2}{W} = \frac{Q}{P} \tag{20-4}$$

做出制冷系数 ε 与冷冻室温度 t_0 的关系曲线图。

(4) 分析讨论实验的系统误差。

2. 操作方法

(1) 断开电源总开关，断开加热器开关，向保温筒内注入一定量的乙醇水混合液（最好在保温筒的 2/3 位置上）。

(2) 在检查无误的情况下，推上电源总开关，把温度计小心插入保温筒盖上的小孔内，安装在温度计可观察的刻度范围内。

(3) 待保温筒内的温度达到需要值时，断开电源总开关。

(4) 合上加热开关，待筒内温度上升到 5℃ 左右时，断开加热开关，完成实验所需数值。

[**数据记录与处理**]

1. 压缩机功率的测量

表 20-2　压缩机功率测量表

冷冻室温度 t_0(℃)	−5.0	−10.0	−15.0	−20.0	−25.0
压缩机电功率 $P_电$(W)					
压缩机功率 P(W)					

2. 制冷量的测量

表 20-3　制冷量测量表

冷冻室温度 t_0(℃)	−5.0	−10.0	−15.0	−20.0	−25.0
制冷量 Q(W)					

[**注意事项**]

(1) 操作过程必须在老师的指导下完成，以免触电。

(2) 实验时，学生切勿扳动实验装置上的任一部件和仪器背后的制冷剂充注阀，以免造成制冷剂泄漏而损坏仪器。

(3) 压缩机停机后不能立即启动,再次启动要隔 5 分钟,经常注意电流表的指示值,当指示值急剧增大并超过 1 A 时,要停机检查是否有堵塞情况发生。

(4) 测量时要等温度充分稳定后(可从冷冻室温度 t_0 判断),再记录数据。

实验二十一　霍尔效应及其应用

[**实验目的**]
(1) 了解霍尔效应实验原理以及有关霍尔器件对材料要求的知识。
(2) 了解用"对称测量法"消除副效应的影响,测量试样的 $V_H \sim I_S$ 和 $V_H \sim I_M$ 曲线。
(3) 了解确定试样的导电类型。

[**实验器材**]
霍尔效应组合实验仪。

[**仪器描述**]
FB510A 型霍尔效应组合实验仪由测试仪(通用仪器)1 台、测试架 1 台组成,见图 21-1 所示。

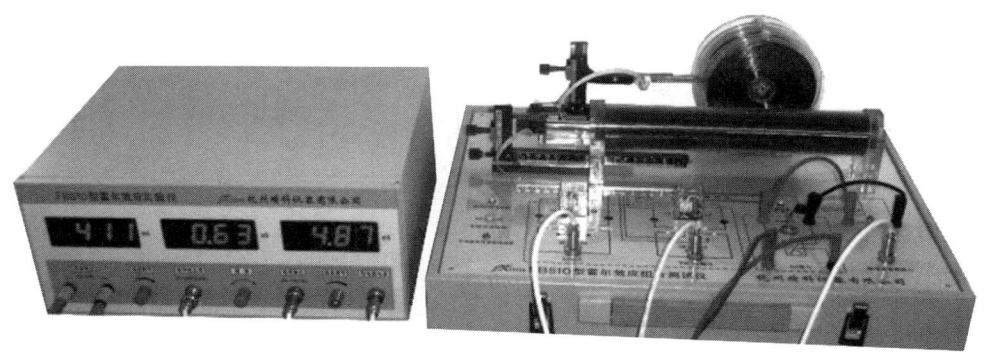

图 21-1　FB510A 型霍尔效应组合实验仪的外形

[**实验原理**]

置于磁场中的载流体,如果电流方向与磁场垂直,则在垂直于电流和磁场的方向会产生一附加的横向电场,这个现象是霍普金斯大学研究生霍尔于 1879 年发现的,后被称为霍尔效应。如今霍尔效应不但是测定半导体材料电学参数的主要手段,而且利用该效应制成的霍尔器件已广泛用于非电量的电测量、自动控制和信息处理等方面。在工业生产要求自动检测和控制的今天,作为敏感元件之一的霍尔器件,将有更广泛的应用前景。掌握这一富有实用性的实验,对日后的工作将有益处。

1. **霍尔效应**　霍尔效应从本质上讲是运动的带电粒子在磁场中受洛伦兹力作用而引起的偏转。当带电粒子(电子或空穴)被约束在固体材料中,这种偏转就导致在垂直电流和磁场方向上产生正负电荷的聚积,从而形成附加的横向电场,即霍尔电场 E_H。如图 21-2 所示的半导体试样,若

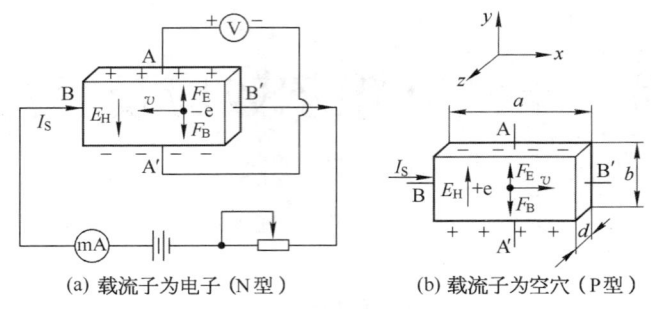

(a) 载流子为电子(N型)　　(b) 载流子为空穴(P型)

图21-2　霍尔效应实验原理示意图

在 x 方向通以电流 I_S，在 z 方向加磁场 B，则在 y 方向即试样 AA′ 电极两侧就开始聚集异号电荷而产生相应的附加电场。电场的指向取决于试样的导电类型。对图21-2(a)所示的 N 型试样，霍尔电场逆 y 方向，而图21-2(b)的 P 型试样则沿 y 方向。即有

$$E_H(y) < 0 \Rightarrow (\text{N型})$$
$$E_H(y) > 0 \Rightarrow (\text{P型})$$

显然，霍尔电场 E_H 是阻止载流子继续向侧面偏移，当载流子所受的横向电场力 eE_H 与洛仑兹力 $e\bar{v}B$ 相等，样品两侧电荷的积累就达到动态平衡，故有

$$eE_H = e\bar{v}B \tag{21-1}$$

其中 E_H 为霍尔电场，$\bar{v}$ 是载流子在电流方向上的平均漂移速度。

设试样的宽为 b，厚度为 d，载流子浓度为 n，则

$$I_S = ne\bar{v}bd \tag{21-2}$$

由式(21-1)、(21-2)可得：

$$V_H = E_H b = \frac{1}{ne}\frac{I_S B}{d} = R_H \frac{I_S B}{d} \tag{21-3}$$

即霍尔电压 V_H（A、A′电极之间的电压）与 $I_S B$ 乘积成正比、与试样厚度 d 成反比。比例系数 $R_H = \frac{1}{ne}$ 称为霍尔系数，它是反映材料霍尔效应强弱的重要参数。只要测出 V_H、I_S、B 和 d 可按下式计算 R_H

$$R_H = \frac{V_H d}{I_S B} \tag{21-4}$$

式(21-4)中霍尔系数 R_H 的单位为 m^3/C，由半导体材料的性质决定。

2. 霍尔系数 R_H 与其他参数间的关系　根据 R_H 可进一步确定以下参数。

(1) 由 R_H 的符号(或霍尔电压的正负)判断样品的导电类型。判别的方法是按图21-2所示的 I_S 和 B 的方向，若测得的 $V_H = V_{A'A} < 0$，即点 A 点电位高于点 A′的电位，则 R_H 为负，样品属 N 型；反之则为 P 型。

(2) 由 R_H 求载流子浓度 n，即 $n = \dfrac{1}{|R_H|e}$。应该指出，这个关系式是假定所有载流子都具有相同的漂移速度得到的，严格一点，如果考虑载流子的速度统计分布，需引入 $\dfrac{3\pi}{8}$ 的修正因子（可参阅黄昆、谢希德著《半导体物理学》）。

3. 霍尔效应与材料性能的关系 根据上述内容可知，要得到大的霍尔电压，关键是要选择霍尔系数大（即迁移率高、电阻率 ρ 亦较高）的材料。因 $|R_H| = \mu\rho$，就金属导体而言，μ 和 ρ 均很低，而不良导体 ρ 虽高，但 μ 极小，因而金属导体和不良导体的霍尔系数都很小，不能用来制造霍尔器件。半导体 μ 高，ρ 适中，是制造霍尔元件较理想的材料。但由于电子的迁移率比空穴迁移率大，故霍尔元件多采用 N 型材料，而霍尔电压的大小与材料的厚度成反比，因此薄膜型的霍尔元件的输出电压较片状要高得多。就霍尔器件而言，其厚度是一定的，所以实用上采用 $K_H = \dfrac{1}{ned}$ 来表示器件的灵敏度，K_H 称为霍尔灵敏度，单位为 mV/(mA·T)。

4. 霍尔电压 V_H 的测量方法

值得注意的是，在产生霍尔效应的同时，因伴随着各种副效应，以致实验测得的 A、A′ 两极间的电压并不等于真实的霍尔电压 V_H 值，而是包含着各种副效应所引起的附加电压，因此必须设法消除。根据副效应产生的机制可知，采用电流和磁场换向的对称测量法，基本上能把副效应的影响从测量结果中消除。即在规定了电流和磁场正、反方向后，分别测量由下列四组不同方向的 I_S 和 B 组合的 $V_{A'A}$（A′、A 两点的电位差）即：

$+B, +I_S$ $V_{A'A} = V_1$
$-B, +I_S$ $V_{A'A} = V_2$
$-B, -I_S$ $V_{A'A} = V_3$
$+B, -I_S$ $V_{A'A} = V_4$

然后求 V_1、V_2、V_3 和 V_4 的代数平均值：

$$V_H = \frac{V_1 - V_2 + V_3 - V_4}{4} \tag{21-5}$$

采用上述的测量方法，虽然还不能完全消除所有的副效应，但由于其引入的误差不大，可以忽略不计。

[实验步骤]

1. 掌握仪器性能，测量亥姆霍兹线圈磁场

（1）开机或关机前，应该将测试仪的"I_S 调节"和"I_M 调节"旋钮逆时针方向旋到底。

（2）连接测试仪与测试架之间各组对应连接线。把励磁电流连接到亥姆霍兹线圈 I_M 输入端，松开"实验功能转换"按钮开关，使仪器测量功能转换到亥姆霍兹线圈磁场测量，相应的指示灯亮。霍尔传感器在线圈的中心位置应是：水平移动指示尺及上下移动指示尺位置均指在"0"处。

（3）接通电源，预热数分钟，这时候，电流表显示".000"，电压表显示为"0.00"。按钮开关松开时，继电器的常闭触点接通，相当于双刀双掷开关向上合，发光二极管指示出导通线路。

(4) 先调节 I_S：从 0 逐步增大到 4 mA，电流表所示的值即随"I_S 调节"旋钮顺时针方向转动而增大，此时电压表所示读数为"不等势"电压值，它随 I_S 增大而增大，I_S 换向，V_{H0} 极性改号(此乃"不等势"电压值，可通过"对称测量法"予以消除)。FB510A 型霍尔效应实验仪 V_H 测试毫伏表设计有调零旋钮，通过它可直接调零。

2. 测绘 V_H-I_S 曲线 顺时针方向转动"I_M 调节"旋钮，使 I_M=500 mA 固定不变，再调节 I_S，从 0.5 mA 到 4 mA，每次改变 0.5 mA，将对应的实验数据 V_H 值记录到表 21-1 中(注意，测量每一组数据时，都要将 I_M 和 I_S 改变极性，从而每组都有 4 个 V_H 值)。用毫米方格纸画绘 V_H~I_S 曲线。

3. 测绘 V_H-I_M 曲线 使 I_S=3 mA 固定不变，然后调节 I_M，I_M=100~500 mA，每次增加 100 mA，将对应的实验数据 V_H 值记录到表格 21-2 中。极性改变同上，并用毫米方格纸画绘 V_H~I_M 曲线。

4. **确定样品导电类型** 将实验仪三组双刀开关(钮子开关及继电器)均掷向上方，即 I_S 沿 X 方向，B 沿 Z 方向，毫伏表测量电压为 $V_{A'A}$。取 I_S=2 mA，I_M=0.500 A，测量 $V_{A'A}$ 大小及极性，由此判断样品导电类型(P 型或 N 型)。

5. 求样品的 R_H 值 利用式(21-4)求得 R_H 值。

6. 测单边水平方向磁场分布 自拟表格，测单边水平方向磁场分布，测试条件 (I_S=3 mA，I_M=0.500 A)，测量点不得少于 8 点(不等步长)，以线圈中心连线中点为相对零点位置，做 V_H~X 图，另外半边在作图时可按对称原理补足。

[**数据记录与处理**]

1. **数据记录参考表**

表 21-1 测绘 V_H~I_S 实验曲线数据记录表 I_M=0.500 A

I_S(mA)	V_1(mV) $+B, +I_S$	V_2(mV) $-B, +I_S$	V_3(mV) $-B, -I_S$	V_4(mV) $+B, -I_S$	$V_H = \dfrac{V_1 - V_2 + V_3 - V_4}{4}$ (mV)
0.50					
1.00					
1.50					
2.00					
2.50					
3.00					
3.50					
4.00					

表 21-2 测绘 V_H~I_M 实验曲线数据记录表 I_S=3.00 mA

I_M(A)	V_1(mV) $+B, +I_S$	V_2(mV) $-B, +I_S$	V_3(mV) $-B, -I_S$	V_4(mV) $+B, -I_S$	$V_H = \dfrac{V_1 - V_2 + V_3 - V_4}{4}$ (mV)
0.100					
0.200					
0.300					

续 表

$I_M(A)$	$V_1(mV)$ $+B, +I_s$	$V_2(mV)$ $-B, +I_s$	$V_3(mV)$ $-B, -I_s$	$V_4(mV)$ $+B, -I_s$	$V_H = \dfrac{V_1-V_2+V_3-V_4}{4}(mV)$
0.400					
0.500					

[注意事项]

(1) 霍尔传感器各电极引线与对应的电流换向开关(本实验仪器采用按钮开关控制的继电器)的连线已由制造厂家连接好,实验时不必自己连接。

(2) 霍尔元件性脆易碎,电极甚细易断,严防撞击或用手去摸,否则容易损坏! 霍尔元件放置在亥姆霍兹线圈中间,在需要调节霍尔片位置时,亦需要小心谨慎。

(3) 二维(或一维)移动尺在调节时应缓慢,不能用力过度,否则容易损坏其传动机构。

[思考题]

(1) 霍尔电压是怎样形成的? 它的极性与磁场和电流方向(或载流子浓度)有什么关系?
(2) 如何观察不等位效应? 如何消除它?
(3) 在测量过程中哪些量要保持不变? 为什么?
(4) 换向开关的作用原理是什么? 测量霍尔电压时为什么要接换向开关?
(5) I_s 可否用交流电源(不考虑表头情况)? 为什么?

实验二十二 核磁共振

[实验目的]

(1) 观察核磁共振稳态吸收现象,掌握核磁共振基本实验原理和方法。
(2) 掌握测量 1H 和 19F 的旋磁比 γ 及朗德因子 g。

[实验器材]

核磁共振仪、溶有硫酸铜的 1♯样品、2♯氢氟酸样品。

[仪器描述]

本实验用的是 FD-CNMR-Ⅰ 型核磁共振仪(图 22-1),主要包括磁铁及调场线圈、探头与样品、边限振荡器、磁场扫描电源、频率计及示波器,实验装置如图 22-2 所示。

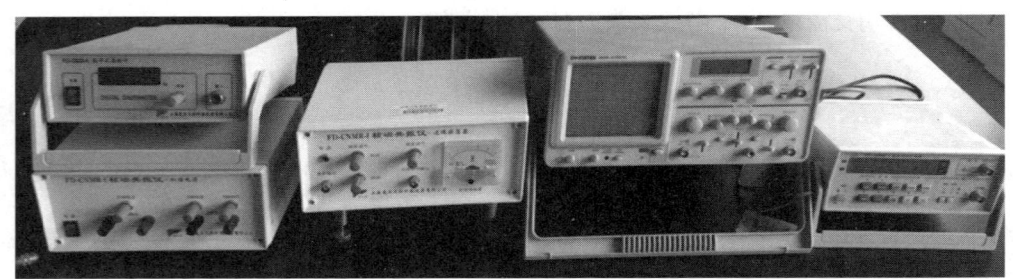

图 22-1 FD-CNMR-Ⅰ 型核磁共振仪的外形

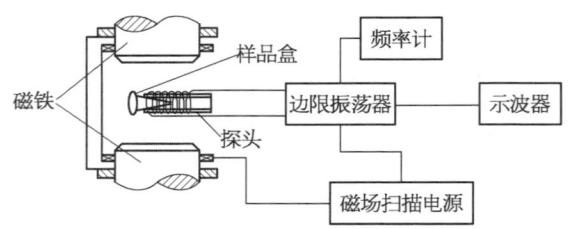

图 22-2 核磁共振实验装置示意图

磁铁的作用是产生稳恒磁场 B_0,它是核磁共振实验装置的核心,要求磁铁能够产生尽量强的、非常稳定、非常均匀的磁场。首先,强磁场有利于更好地观察核磁共振信号。其次,磁场空间分布均匀性和稳定性越好,则核磁共振实验仪的分辨率越高。

边限振荡器具有与一般振荡器不同的输出特性,其输出幅度随外界吸收能量的轻微增加而明显下降,当吸收能量大于某一阈值时即停振,因此通常被调整在振荡和不振荡的边缘状态,故称为边限振荡器。如图 22-3 所示,样品放在边限振荡器的振荡线圈中,振荡线圈放在固定磁场 B_0 中,由于边限振荡器是处于振荡与不振荡的边缘,当样品吸收的能量不同(即线圈的 Q 值发生变化)时,振荡器的振幅将有较大的变化。当发生共振时,样品吸收增强,振荡变弱,经过二极管的倍压检波,就可以把反映振荡器振幅大小变化的共振吸收信号检测出来,进而用示波器显示。由于采用边限振荡器,所以射频场 B_1 很弱(但并不是无限弱),饱和效应的影响很小。但如果电路调节的不好,偏离边限振荡器状态很远,一方面射频场 B_1 很强,出现饱和效应,另一方面,样品中少量的能量吸收对振幅的影响很小,这时就有可能观察不到共振吸收信号。这种把发射线圈兼做接收线圈的探测方法称为单线圈法。

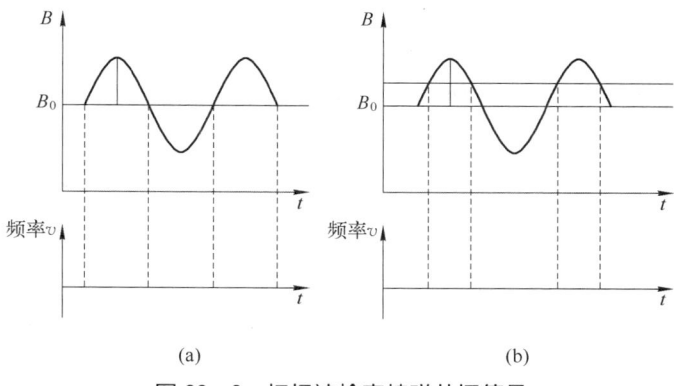

图 22-3 扫场法检查核磁共振信号

观察核磁共振信号最好的手段是使用示波器,但是示波器只能观察交变信号,所以必须想办法使核磁共振信号交替出现。有两种方法可以达到这一目的:一种是扫频法,即让磁场 B_0 固定,使射频场 B_1 的频率 ω 连续变化,通过共振区域,当 $\omega=\omega_0=\gamma \cdot B_0$ 时出现共振峰;另一种方法是扫场法,即把射频场 B_1 的频率 ω 固定,而让磁场 B_0 连续变化,通过共振区域。这两种方法是完全等效的,显示的都是共振吸收信号 v 与频率差 $(\omega-\omega_0)$ 之间的关系曲线。

由于扫场法简单易行,确定共振频率比较准确,所以现在通常采用调制场技术,即在稳恒磁场 B_0 上叠加一个低频调制磁场 $B_m \sin\omega' t$,这个低频调制磁场就是由扫场单元(实际上是一对亥姆霍兹线圈)产生的。那么此时样品所在区域的实际磁场为 $B_0 + B_m \sin\omega' t$。由于调制场的幅度 B_m 很小,总磁场的方向保持不变,只是磁场的幅值按调制频率发生周期性变化(其最大值为 $B_0 + B_m$,最小值 $B_0 - B_m$),而相应的拉莫尔进动频率 ω_0 也相应地发生周期性变化,即

$$\omega_0 = \gamma \cdot (B_0 + B_m \sin\omega' t)$$

这时只要射频场的角频率 ω 调在 ω_0 变化范围之内,同时调制磁场扫过共振区域,即 $B_0 - B_m \leqslant B_0 \leqslant B_0 + B_m$,则共振条件在调制场的一个周期内被满足两次,所以在示波器上观察到如图 22-3(b)所示的共振吸收信号。此时若调节射频场的频率,则吸收曲线上的吸收峰将左右移动。当这些吸收峰间距相等时,如图 22-3(a)所示,则说明在这个频率下的共振磁场为 B_0。

值得指出的是,如果扫场速度很快,也就是通过共振点的时间比弛豫时间小得多,这时共振吸收信号的形状会发生很大的变化。在通过共振点之后,会出现衰减振荡。这个衰减的振荡称为"尾波",这种尾波非常有用,因为磁场越均匀,尾波越大。所以,应调节匀场线圈使尾波达到最大。

[**实验原理**]

核磁共振，是指具有磁矩的原子核在恒定磁场中由电磁波引起的共振跃迁现象。1945年，美国哈佛大学的珀赛尔等人报道了他们在石蜡样品观察到质子的核磁共振吸收信号。1946年，美国斯坦福大学布洛赫等人也报道了他们在水样品中观察到质子的核磁共振吸收信号。两个研究小组用了稍微不同的方法，几乎同时在凝聚物质中发现了核磁共振现象。因此，布洛赫和珀赛尔荣获了1952年的诺贝尔物理学奖。早期的核磁共振电磁波主要采用连续波，灵敏度较低。1966年发展起来的脉冲傅立叶变换核磁共振技术，将信号采集由频域变为时域，从而大大提高了检测灵敏度，由此脉冲核磁共振技术迅速发展，成为物理、化学、生物、医学等领域中分析鉴定和微观结构研究不可缺少的工具。

下面我们以氢核为主要研究对象，以此来介绍核磁共振的基本原理和观测方法。氢核虽然是最简单的原子核，但也是目前在核磁共振应用中最常见和最有用的核。

1. 单个核的磁共振 通常将原子核的总磁矩在其角动量 P 方向上的投影 μ 称为核磁矩，它们之间的关系写成

$$\mu = \gamma P \text{ 或 } \mu = g_N \frac{e}{2m_p} P \tag{22-1}$$

式(22-1)中 $\gamma = g_N \dfrac{e}{2m_p}$ 称为旋磁比；e 为电子电荷，m_p 为质子质量；g_N 为朗德因子。对氢核来说，$g_N = 5.5851$。

按照量子力学，原子核角动量的大小由下式决定

$$P = \sqrt{I(I+1)}\hbar \tag{22-2}$$

式(22-2)中 $\hbar = \dfrac{h}{2\pi}$，h 为普朗克常数。I 为核的自旋量子数，可以取 $I = 0, \dfrac{1}{2}, 1, \dfrac{3}{2}\cdots$ 对氢核来说，$I = \dfrac{1}{2}$。

把氢核放入外磁场 B 中，可以取坐标轴 z 方向为 B 的方向。核的角动量在 B 方向上的投影值由下式决定

$$P_B = m\hbar \tag{22-3}$$

式(22-3)中 m 称为磁量子数，可以取 $m = I, I-1\cdots-(I-1), -I$。核磁矩在 B 方向上的投影值为

$$\mu_B = g_N \frac{e}{2m_p} P_B = g_N \left(\frac{e\hbar}{2m_p}\right) m = g_N \mu_N m \tag{22-4}$$

式(22-4)中 $\mu_N = 5.050787 \times 10^{-27}$ JT^{-1} 称为核磁子，是核磁矩的单位。

磁矩为 μ 的原子核在恒定磁场 B 中具有的势能为

$$E = -\mu B = -\mu_B B = -g_N \mu_N m B \tag{22-5}$$

任何两个能级之间的能量差为

$$\Delta E = E_{m_1} - E_{m_2} = -g_N \mu_N B (m_1 - m_2) \quad (22-6)$$

对氢核而言,自旋量子数 $I = \frac{1}{2}$,所以磁量子数 m 只能取两个值,即 $m = \frac{1}{2}$ 和 $m = -\frac{1}{2}$。磁矩在外场方向上的投影也只能取两个值,如图 22-4(a)所示,与此相对应的能级如图 22-4(b)所示。

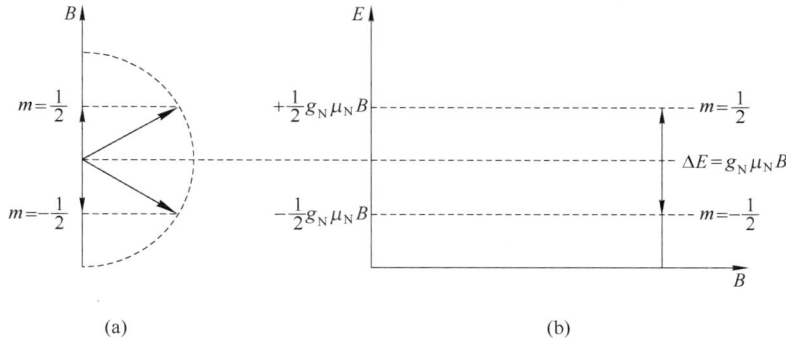

图 22-4 氢核能级在磁场中的分裂

根据量子力学中的选择定则,只有 $\Delta m = \pm 1$ 的两个能级之间才能发生跃迁,这两个跃迁能级之间的能量差为

$$\Delta E = g_N \mu_N B \quad (22-7)$$

由式(22-7)可知:相邻两个能级之间的能量差 ΔE 与外磁场 B 的大小成正比,磁场越强,则两个能级分裂也越大。

如果实验时外磁场为 B_0,在该稳恒磁场区域又叠加一个电磁波作用于氢核,如果电磁波的能量 $h\nu_0$ 恰好等于这时氢核两能级的能量差 $g_N \mu_N B_0$,即

$$h\nu_0 = g_N \mu_N B_0 \quad (22-8)$$

则氢核就会吸收电磁波的能量,由 $m = -\frac{1}{2}$ 的能级跃迁到 $m = \frac{1}{2}$ 的能级,这就是核磁共振吸收现象。式(22-8)就是核磁共振条件。为了应用上的方便,常写成

$$\nu_0 = \left(\frac{g_N \mu_N}{h}\right) B_0, \text{即 } \omega_0 = \gamma B_0 \quad (22-9)$$

2. 核磁共振信号的强度 上面讨论的是单个核放在外磁场中的核磁共振理论,但实验中所用的样品是大量同类核的集合。如果处于高能级上的核数目与处于低能级上的核数目没有差别,则在电磁波的激发下,上下能级上的核都要发生跃迁,并且跃迁概率是相等的,吸收能量等于辐射能量,这样我们就观察不到任何核磁共振信号。只有当低能级上的原子核数目大于高能级上的核数目,吸收能量比辐射能量多,这样才能观察到核磁共振信号。在热平衡状态下,核数目在两个能级上的相对分布由玻尔兹曼因子决定

$$\frac{N_2}{N_1} = \exp\left(-\frac{\Delta E}{kT}\right) = \exp\left(-\frac{g_N \mu_N B_0}{kT}\right) \quad (22-10)$$

式(22-10)中 N_1 为低能级上的核数目，N_2 为高能级上的核数目，ΔE 为上下能级间的能量差，k 为玻尔兹曼常数，T 为绝对温度。当 $g_N \mu_N B_0 \ll kT$ 时，式(22-10)可以近似写成

$$\frac{N_2}{N_1} = 1 - \frac{g_N \mu_N B_0}{kT} \qquad (22-11)$$

式(22-11)说明，低能级上的核数目比高能级上的核数目略微多一点。对氢核来说，如果实验温度 $T = 300\ \text{K}$，外磁场 $B_0 = 1\text{T}$，则

$$\frac{N_2}{N_1} = 1 - 6.75 \times 10^{-6} \text{ 或 } \frac{N_1 - N_2}{N_1} \approx 7 \times 10^{-6} \qquad (22-12)$$

这说明，在室温下每百万个低能级上的核比高能级上的核大约只多出 7 个。也就是说，在低能级上参与核磁共振吸收的每 100 万个核中只有 7 个核的核磁共振吸收未被共振辐射所抵消。所以核磁共振信号非常微弱，检测如此微弱的信号，需要高质量的接收器。

由式(22-11)可以看出，温度越高，粒子数差越小，对观察核磁共振信号越不利。外磁场 B_0 越强，粒子数差越大，越有利于观察核磁共振信号。一般核磁共振实验要求磁场强一些，其原因就在这里。

另外，要想观察到核磁共振信号，仅仅磁场强一些还不够，磁场在样品范围内还应高度均匀，否则磁场多么强也观察不到核磁共振信号。原因之一是，核磁共振信号由式(22-8)决定，如果磁场不均匀，则样品内各部分的共振频率不同。对某个频率的电磁波，将只有少数核参与共振，结果造成信号被噪声所淹没，难以观察到核磁共振信号。

[**实验步骤**]

1. **熟悉各仪器的性能并用相关线连接** 实验中 FD-CNMR-Ⅰ型核磁共振仪主要应用五部分：磁铁、磁场扫描电源、边限振荡器(其上装有探头，探头内装样品)、频率计和示波器。仪器连线如图 22-5 所示。

(1) 首先将探头旋进边限振荡器后面板的指定位置，并将测量样品插入探头内。

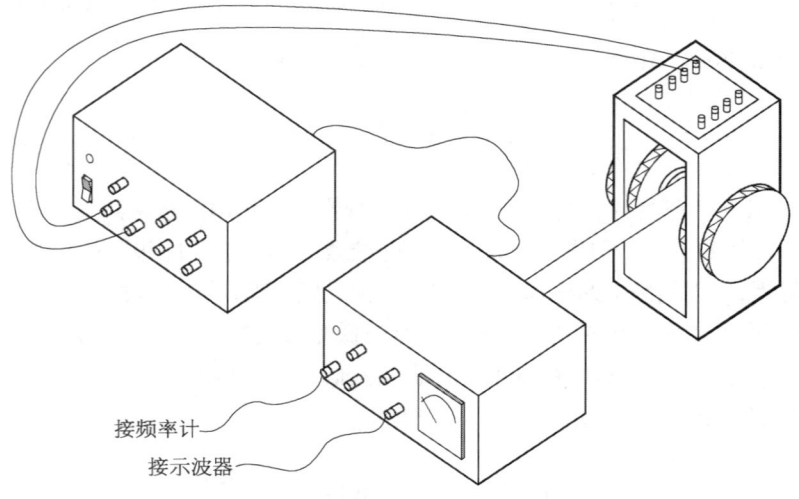

图 22-5 核磁共振仪器连线图

(2) 将磁场扫描电源上"扫描输出"的两个输出端接磁铁面板中的一组接线柱,并将磁场扫描电源机箱后面板上的接头与边限振荡器后面板上的接头用相关线连接。

(3) 将边限振荡器的"共振信号输出"用 Q9 线接示波器"CH1"通道或"CH2"通道,"频率输出"用 Q9 线接频率计的 A 通道。

(4) 移动边限振荡器,将探头连同样品放入磁场中,并调节边限振荡器机箱底部四个调节螺丝,使探头放置的位置保证使内部线圈产生的射频磁场方向与稳恒磁场方向垂直。

(5) 打开磁场扫描电源、边限振荡器、频率计和示波器的电源,准备后面的仪器调试。

2. **核磁共振信号的调节** 实验中,因为 1# 样品的共振信号比较明显,所以开始时先用 1# 样品,熟悉了实验操作后,再选用其他样品调节。

(1) 将磁场扫描电源的"扫描输出"旋钮顺时针方向调节至接近最大(旋至最大后,再往回旋半圈),这样可以加大捕捉信号的范围。

(2) 调节边限振荡器的频率"粗调"电位器,将频率调节至磁铁标记的 H 共振频率附近,然后旋动频率调节"细调"旋钮,在此附近捕捉信号,当满足共振条件 $\omega = \gamma \cdot B_0$ 时,可以观察到如图 22-6 所示的共振信号,调节旋钮时要尽量缓慢,因为共振范围非常小,很容易跳过。

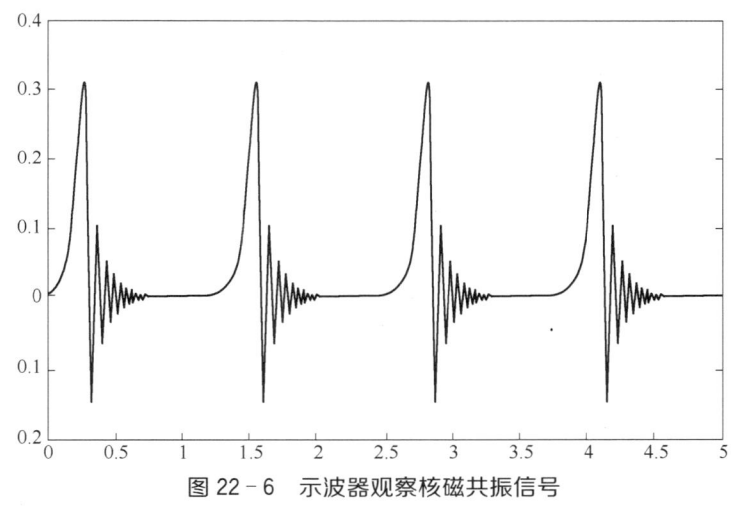

图 22-6 示波器观察核磁共振信号

(3) 调出大致共振信号后,降低扫描幅度,调节频率"细调"至信号等宽,同时调节样品在磁铁中的空间位置以得到尾波最多的共振信号。

(4) 测量氢氟酸中氟原子核时,将测得的氢核的共振频率除以 42.577 乘以 40.055,即得到氟的共振频率。将氢氟酸样品放入探头中,将频率调节至磁铁上标志的氟的共振频率值,并仔细调节得到共振信号。由于氟的共振信号比较小,故此时应适当降低扫描幅度(一般不大于 3 V),这是因为样品的弛豫时间过长会导致饱和现象而引起信号变小。实验所用射频幅度随样品而异。在初次调试时应注意,否则信号太小不容易观测。

[**数据记录及处理**]

(1) 放入 1# 样品调节出稳定的共振信号,从频率计读出共振频率,根据共振条件 $\omega = \gamma \cdot B_0$ 计算出样品所在位置处的磁感应强度。

(2) 记下此时样品所在磁场中的空间位置(可以在实验桌上记下边限振荡器四只调节脚的具

体位置),将 1#样品换成 2#氢氟酸样品,不改变磁铁位置,保证两次测量样品所处磁场磁感应强度相同,调节氟的共振信号。注意氟的信号较小,应该仔细调节,根据其共振频率,计算氟的旋磁比 γ_F、朗德因子 g_F 和核磁矩 μ_F。

[思考题]

(1) 实现核磁共振的条件?

(2) 如何确定对应于磁场为 B_0 时核磁共振的共振频率 ν_0?

实验二十三　全息照相

[**实验目的**]

(1) 了解全息照相记录和再现的原理。
(2) 掌握漫反射全息照片的摄制方法。
(3) 熟悉全息照片的特点。

[**实验器材**]

全息实验台(包括激光源及各种镜头支架、载物台、底片夹等部件和固定这些部件所用的磁钢)、全息照相感光胶片(全息干板)、暗室冲洗胶片的化学品及器材等。

[**仪器描述**]

全息实验台装置如图 23-1 所示。

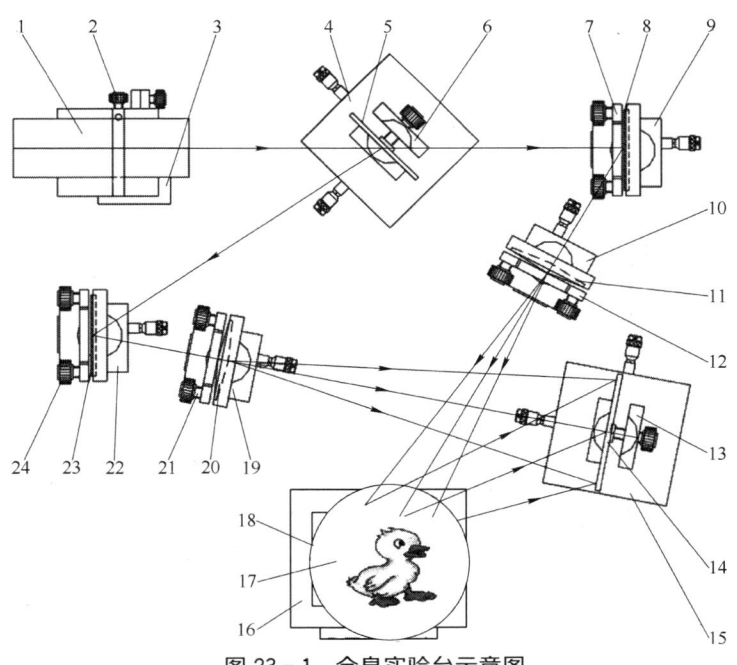

图 23-1　全息实验台示意图

1. He-Ne 激光器 L　2. 光栅转台　3. 升降调节架　4. 升降调节架　5. 分束器　6. 干板架　7. 二维调节架　8. 平面镜 M_1　9. 二维平移底座　10. 二维平移底座　11. 扩束器 L_1($f'=4.5$ mm)　12. 二维调节架　13. 三维调节干板架　14. 全息干板　15. 三维平移底座　16. 拍摄物体　17. 载物台　18. 升降调节底座　19. 升降调节底座　20. 扩束器 L_2($f'=6.2$ mm)　21. 二维调节架　22. 二维平移底座　23. 平面镜 M_2　24. 二维调节架

[实验原理]

普通照相底片上所记录的图像只反映了物体上各点发光(辐射光或反射光)的强弱变化,也就是只记录了物光的振幅信息,故在照相纸上显示的只是物体的二维平面像,丧失了物体的三维特征。全息照相则不同,它是借助于相干的参考光束 R 和物光束 O 相互干涉来记录物光振幅和相位的全部信息。

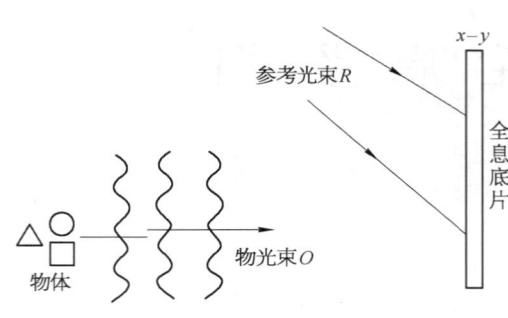

图 23-2 物光束和参考光束的光场分布

如图 23-2 所示,设 xy 平面为全息底片平面,底片上一点 (x,y) 处物光束 O 和参考光束 R 的光场分布分别为

$$O(x,y,t) = O_o(x,y)e^{i\omega t} \tag{23-1}$$

$$R(x,y,t) = R_o(x,y)e^{i\omega t} \tag{23-2}$$

其中

$$O_o(x,y) = A_o(x,y)e^{i\omega \varphi_o(x,y)} \tag{23-3}$$

和

$$R_o(x,y) = A_r(x,y)e^{i\omega \varphi_r(x,y)} \tag{23-4}$$

为物光束和参考光束的复数振幅。

由于它们系相干光束,所以全息底片上的光强是它们合振幅的平方〔为了书写简便,略去(x,y)〕,即

$$\begin{aligned} I(x,y) &= |O_o + R_o|^2 = O_o O_o^* + R_o R_o^* + O_o R_o^* + R_o O_o^* \\ &= A_o^2 + A_r^2 + A_o A_r e^{i(\varphi_o - \varphi_r)} + A_o A_r e^{i(\varphi_r - \varphi_o)} \\ &= A_o^2 + A_r^2 + 2A_r A_o \cos(\varphi_o - \varphi_r) \end{aligned} \tag{23-5}$$

式(23-5)右边三项中,第一项(A_o^2)反映了物光的光强,它在底片上不同位置有不同的大小。第二项(A_r^2)反映了参考光的光强,由于 A_r 是均匀分布的,所以 A_r^2 构成了底片上的均匀背景。第三项 $[2A_r A_o \cos(\varphi_o - \varphi_r)]$ 反映了两束相干光的振幅和相对相位的关系。这样的照相把物光束的振幅和相位两种信息全部记录下来了,因而称为全息照相。全息照相底片上记录的不是物体的几何图形,而是一组记录着物光束的振幅和相位全部信息的不规则的干涉图样,所以又称为全息图。全息图上干涉图样的明暗对比程度反映了物光波相对于参考光波之间振幅(强度)的变化,而干涉图样的形状和疏密变化则反映了物光波和参考光波之间的相位变化。

拍摄好的全息底片,经过适当的显影、定影和漂白处理后,底片上各点的振幅透射率与入射光强 $I(x,y)$ 的关系如下

$$t(x,y) = t_o + \beta |O_o + R_o|^2 \tag{23-6}$$

其中,t_o 为底片的灰雾度,β 为比例常数(对于负片,$\beta < 0$)。为了重现物光的波前,必须用一相干光照射全息图,设照射到全息图上的相干光的复数振幅也为 R_o,则透过全息图的复数振幅为

$$A(x,y)=t(x,y)R_o=t_oR_o+\beta R_o\mid O_o+R_o\mid^2 \tag{23-7}$$
$$=t_oR_o+\beta R_o(\mid O_o\mid^2+\mid R_o\mid^2)+\beta R_oR_o^*O_o+\beta R_oR_oO_o^*$$

式(23-7)表明经全息图透射的光包含三个不同的分量：第一、第二项代表的是强度衰减的直接透射光；第三项正比于 O_o，即除振幅大小改变外，原来的物光准确地再现了，波前发散形成物体(在原来位置上)的虚像；第四项是与物光共轭的光波，这意味着在虚像的相反一侧会聚成一个共轭的实像，如图23-3所示。

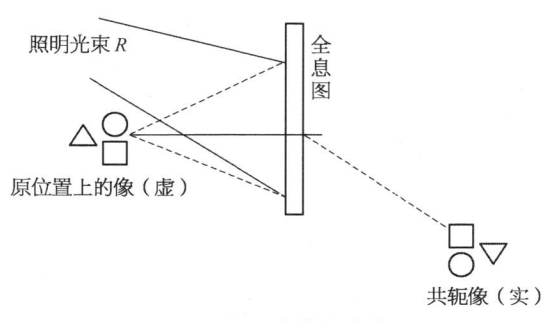

图 23-3 虚像与实像

式(23-5)与式(23-7)表明，全息照相过程包含记录和再现两个过程：① 用干涉方法记录物光波的全部信息。② 用衍射方法再现物体的光学像。下面以发光物点的全息照片为例，具体说明上述记录和再现的物理过程。如图23-4(a)所示，从发光点 O 发出的单色球面波与相干的平面参考光波 R 在感光底片上叠加曝光的结果，形成一组明暗相间的同心干涉圆环，条纹的分布是中间稀疏而边部稠密，底片经冲洗后，干

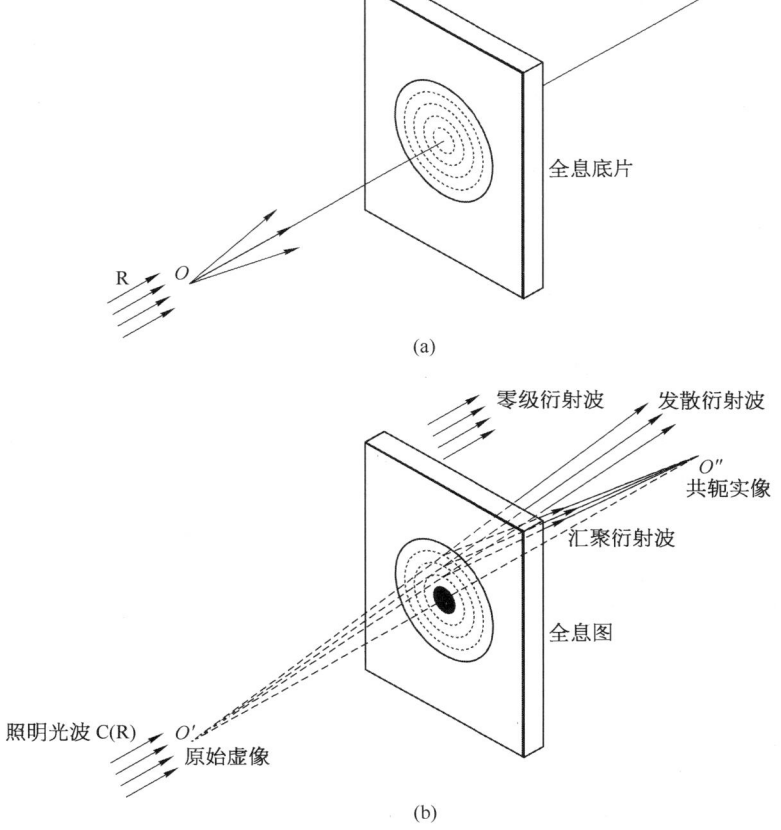

图 23-4 全息照相中的干涉和衍射

涉亮纹处形成不透光暗环,暗条纹处则形成透光环,因此点光源的全息图是一片具有不等间隔的圆光栅,其间隔从中心到边缘逐渐减少。

当用平行光照明该全息图时,如图 23-4(b)那样,每一透光的干涉环均要产生衍射,衍射光波具有旋转轴对称的特性,其衍射角随着光栅间隔的减小而增大,正一级发散的衍射波重现了物点 O 的原始虚像 O',负一级会聚衍射光波则形成了物点 O 的共轭实像 O''。

因为任意物体是由许多独立发光点所组成,如图 23-2 所示。记录时,每一点发出的光波均与参考光波形成各自的全息图,这些点源全息图的叠加就构成该物体的全息照片,显然它是一组复杂而不规则的干涉图样,而不是物体的几何图样。如图 23-3 再现时,各原始像点的组合就形成了整个物体逼真的立体再现像 O'。共轭像点的组合则形成整个物体的共轭像 O'',通常它是处于观察者同侧的实像。

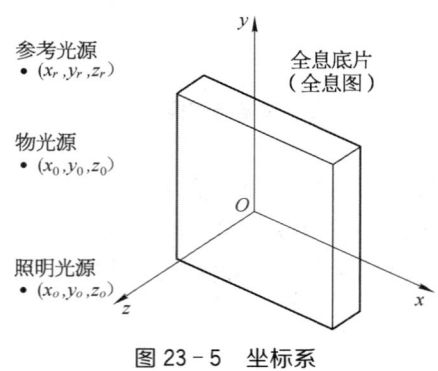

图 23-5 坐标系

全息再现像的位置、虚实和大小是完全确定的,具体可由物点的位置、参考光源和再现照明光源的位置决定。如图 23-5 那样选定坐标系,原点位于全息照片的中心,物点的位置为 (x_o, y_o, z_o),参考点源和再现照明源的位置分别为 (x_r, y_r, z_r) 和 (x_c, y_c, z_c),且设 z_o、z_r、z_c 均大于零,即都位于全息图的左侧。

可以证明,两个再现像都是一个点,其位置 (x_i, y_i, z_i) 可由下式确定

$$\begin{cases} x_i = \left(\pm \dfrac{x_o}{z_o} \mu \dfrac{x_r}{z_r} + \dfrac{x_c}{z_c} \right) z_i \\ y_i = \left(\pm \dfrac{y_o}{z_o} \mu \dfrac{y_r}{z_r} + \dfrac{y_c}{z_c} \right) z_i \\ z_i = \left(\dfrac{1}{z_c} \mu \dfrac{1}{z_r} \pm \dfrac{1}{z_o} \right)^{-1} \end{cases} \tag{23-8}$$

式(23-8)中上面一组符号适用于原始像,下面一组符号适用于共轭像,像的位置由 $z_i > 0$ 时为虚像,位于全息图左侧;反之,$z_i < 0$ 时,则为实像,位于全息图的右侧。如参考光波与再现照明光波相同,则由式(23-8)知,$z_i = \pm z_o$,即原始像为虚像,共轭像为实像。再现像的大小可由放大率表示,当参考光和再现照明光波长相同时,两种放大率分别为

横向放大率
$$\begin{cases} M_x = \dfrac{\partial x_i}{\partial x_o} = \pm \dfrac{z_i}{z_o} = \left(1 \pm \dfrac{z_o}{z_c} - \dfrac{z_o}{z_r} \right)^{-1} \\ M_y = \dfrac{\partial y_i}{\partial y_o} = M_x \end{cases} \tag{23-9}$$

纵向放大率
$$M_z = \dfrac{\partial z_i}{\partial z_o} = \pm M_x^2 \tag{23-10}$$

由上式可知,当 $z_r = z_c$ 时,对于原始像 $M_x = M_y = M_z = 1$,像与原物相似,但对于共轭像,$M_x = M_y \neq M_z$,像要发生畸变,形状失真。

全息照相作为一种新型的成像方法,它的显著特点是:① 因全息图具有光栅结构,经其衍射的成像光束总有两支,因此所成像总是孪生的一对。物体的原始像与共轭像共存,不像光学透镜成像那样是唯一的。② 全息再现像不是普通照相那样的二维平面图像,而是形象逼真的三维立体图像。具有明显的视差和纵深视差效应。③ 因为全息照片上的每一处都记录了物体上所有物点发出的光信息,而物体上每一物点发出的光信息均布满在全息照片的全部面积上。因此,一张破碎了的全息图残片仍能重现出物体的全貌,只是分辨率受些影响,而普通照相底片一旦破碎就无法再冲洗印相了。

[**实验步骤**]

1. **检查全息台的稳定性**　将各光学元件按图 23-6 所示,在防震全息台上布置成一迈克尔逊干涉仪的光路,以检查全息台的防震性能。如果在远大于曝光所需的时间内,屏上干涉圆环的"涌出"或"陷入"少于四分之一个环时,全息台可以使用,否则还要调节全息台。

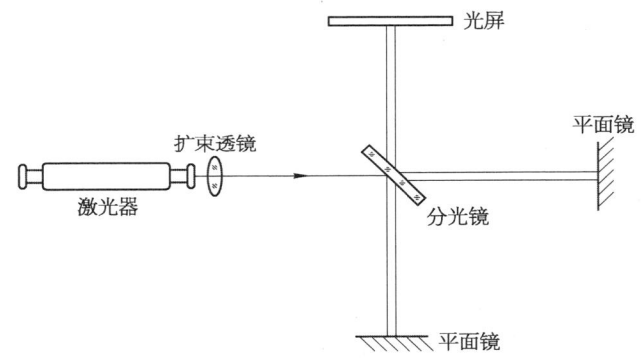

图 23-6　迈克尔逊干涉仪光路示意图

2. **布置与调整全息光路**　如图 23-1 所示是一种拍摄漫反射全息照片的参考光路。布置好各光学元件,并进行光路调节,调节时要注意以下方面。

(1) 物光和参考光的光程差必须小于所使用激光的相干长度,最好使它们的光程大致相同。两束光的光程应自分束器量起。最大光程差应小于激光管谐振腔长的四分之一。

(2) 物光束与参考光束的光强比选择要适当,以使全息照片具有较大的衍射效率,确切的比值应由全息底片的振幅透射率与感光特性来确定。一般说来,物光束与参考光束的光强比取在 1∶2～1∶5 是合适的,但不同底片有不同的感光特性,必须通过实验确定。虽然沿光路改变扩束透镜的前后位置可以变换光强比,但由于物体是漫射体,投射到它上面的光能,只有很少一部分构成物光信息,因此只有以足够强的光照明物体,而物体距离全息底片又不太远时,才能在底片上获得适当的光强比。

(3) 物光束与参考光束之间的夹角 θ 要适当,以小于 30°为宜。

3. **曝光**　将全息底片放置在照相框架上,药膜面向着被摄物体,放好底片后等几分钟,待整个系统稳定后开始曝光,曝光时间由激光器功率、物体的大小和漫反射性能、底片的感光灵敏度等来决定。最佳时间应通过试拍确定。

4. **冲洗**　包括显影、定影和漂白,其方法和普通照片冲洗完全相同。漂白是为了增加衍射效率,提高再现像的亮度。这是因为底片经过漂白,是将原来形成的银粒变为几乎完全透明的化合物,它的折射率和明胶的不同。这样,记录采取了光程中的空间变化形式,而不像原初振幅全息图那样是光密度的空间变化(这种全息图又称相位全息图)。

显影用 D19 型显影液,显影时间约 3 min(在 18~20℃)。

定影用 F5 型定影液,定影时间约 5 min(在 18~20℃)。

漂白用 R-10 漂白液,漂白时间待全息底片透明即可。

[附]

D19 显影液配方

米吐尔	2.0 g	无水碳酸钠	48 g
无水亚硫酸钠	90 g	溴化钾	5 g
对苯三酚	8 g	加水至	1 000 ml

F5 定影液配方

硫代硫酸钠	240 g	酸结晶	7.5 g
无水亚硫酸钠	15 g	钾矾	15 g
冰醋酸	13.5 g	加水至	1 000 ml

R-10 漂白液配方

溶液 A	重铬酸钾	20 g
	浓硫酸	14 ml
	加蒸馏水至	1 000 ml
溶液 B	氯化钠	45 g
	加蒸馏水至	1 000 ml
溶液 C	氯化铜	15 g
	加水至	1 000 ml

将一份 A 液和一份 B 液混合使用。漂白过的全息图还须在 C 液中定影 5 min,以消除氯化银。

5. 再现

(1) 将拍摄好的全息照片放回原照相底片架上,挡住物光束和被摄物体,用原参考光照明,像即呈现在原物所在位置上,仔细观察再现像的特点。

(2) 如图 23-7(a),用另一束扩束激光沿原参考光方向照射全息图,从 E 处观察再现虚像,改变位置,再从 E′处观察虚像,比较观察结果,说明立体的视觉效应(可由实验室提供一张全息照片,作以下观察分析用)。

(3) 改变全息图至扩束透镜之间的距离,观察再现虚像的位置和大小的变化,并用式(23-8)说明。

(4) 用一张直径为 5 mm 小孔光阑遮住全息图,通过小孔观察再现像有何变化?是否显现出被摄物体的全貌?移动小孔位置,仔细观察全息图,比较再现像的区别。

(5) 如图 23-7(b),将全息图绕垂直轴旋转 180°,用会聚光束(原参考光的共轭光)照明,用白屏(或玻璃屏)在原被摄物附近将观察到实像,并注意观察再现像的"赝视"特点。赝视现象就是原来物体上离观察者近的点,共轭像中的对应点反而离观察者远了,即看到的像与原物的凹凸状态相反,给人以特殊的感觉。

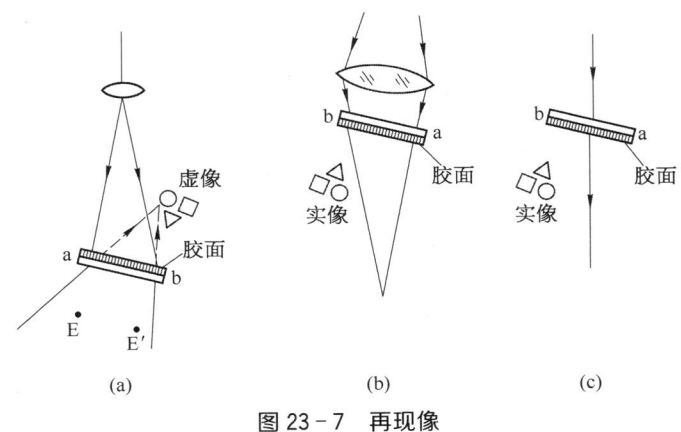

图 23-7 再现像

(6) 如图 23-7(c)，用未扩束的 He-Ne 激光直接照射全息图，除再现虚像外，在透射光的一侧用白屏还会有两个"再现实像"，仔细观察两个"像"的区别，判断真伪，给出物理解释。

6. 实验调节和拍摄

(1) 按图示 23-6 检查全息台是否稳定。

(2) 按图 23-1 的相对位置放好各器件，拿下扩束器 L_1 和扩束器 L_2，调等高。

(3) 使物光束与参考光束的光程近似相等，两者夹角在 $30°\sim40°$。

(4) 调平面镜 M_1 的倾角，使光束射在物的中间部位，调平面镜 M_2 的倾角，使参考光束射在全息干板(暂以白屏代替)的中部。

(5) 加入扩束器 L_1，调其支架并前后移动，使扩束镜恰好照全物体，加入扩束器 L_2，调其支架并前后移动，使参考光束对准白屏，与物光束的光强比在 $5:1\sim10:1$。

(6) 将各磁性座指向 ON，关闭照明灯，安装全息干板后，进行曝光，时间可控制在 $10\sim15$ s。在弱绿光下显影和定影，时间长短主要取决于药方和药液温度。

(7) 将清水冲过又经干燥处理的全息片按实验步骤 5 进行观察虚像和实像，并记录观察结果，分析结果。

[数据记录与处理]

全息照片。

[注意事项]

(1) 两光束的光程差不能太大，两光束的光强比不能太大。

(2) 参考光和物光尽量多地照射到全息干板。

(3) 曝光时间要正确。曝光时，要先安静 10 s 以上，并保持无振动和无光状态。

(4) 显影和定影时间要正确，溶液的温度和浓度要控制适当。调节时，注意激光对人眼的影响。

[思考题]

(1) 拍摄全息照相用的感光底片用正片和负片都可以，一般都是采用负片，这是为什么？

(2) 拍摄全息照片，为什么参考光的强度必须比物光大？

(3) 分析说明你观察的实验现象中，各种条件下形成的再现像的特点。

附 录

附表 1 基本物理常数

真空中的光速	$C = 2.998 \times 10^8$ m/s	摩尔气体常数	$R = 8.314$ J/(mol·K)
电子的电荷	$e = 1.602 \times 10^{-19}$ C	玻耳兹曼常数	$k = 1.381 \times 10^{-23}$ J/K
普朗克常数	$h = 6.626 \times 10^{-34}$ J·s	洛施密德常数	$n = 2.687 \times 10^{25}$ m^{-3}
阿伏伽德罗常数	$N_0 = 6.022 \times 10^{23}$ mol^{-1}	万有引力常数	$G = 6.672 \times 10^{-11}$ N·m^2/kg^2
原子质量单位	$\mu = 1.661 \times 10^{-27}$ kg	标准大气压	$P_0 = 1.013 \times 10^5$ Pa
电子的静止质量	$m_e = 9.109 \times 10^{-31}$ kg	冰点的绝对温度	$T_0 = 273.2$ K
电子的荷质比	$e/m_e = 1.759 \times 10^{11}$ C/kg	真空中介电常数	$\varepsilon_0 = 8.854 \times 10^{-12}$ F/m
法拉第常数	$F = 9.648 \times 10^4$ C/mol	真空中磁导率	$\mu_0 = 12.57 \times 10^{-7}$ H/m
氢原子的里德伯常数	$R_H = 1.097 \times 10^7$ m^{-1}		

附表 2 不同温度下水的密度 ρ 单位：$\times 10^3$ kg/m^3

温度(℃)	0	10	20	30
0	0.999 867	0.999 727	0.998 229	0.995 672
1	0.999 926	0.999 632	0.998 017	0.995 366
2	0.999 968	0.999 524	0.997 795	0.995 051
3	0.999 992	0.999 404	0.997 563	0.994 728
4	1.000 000	0.999 271	0.997 321	0.994 397
5	0.999 992	0.999 126	0.997 069	0.994 058
6	0.999 968	0.998 969	0.996 808	0.993 711
7	0.999 929	0.998 800	0.996 538	0.993 356
8	0.999 876	0.998 621	0.996 258	0.992 993
9	0.999 808	0.998 430	0.995 969	0.992 622
10	0.999 727	0.998 229	0.995 672	0.992 244

附表 3 不同温度下 100% 乙醇的密度 ρ 单位：$\times 10^3$ kg/m^3

温度(℃)	0	10	20	30
0	0.806 25	0.798 78	0.789 45	0.780 37
1	0.805 41	0.797 04	0.788 60	0.780 12

续表

温度(℃)	0	10	20	30
2	0.804 57	0.796 20	0.787 75	0.779 27
3	0.803 74	0.795 35	0.786 91	0.778 43
4	0.802 20	0.794 51	0.786 06	0.777 56
5	0.802 07	0.793 61	0.785 22	0.773 71
6	0.801 23	0.792 83	0.784 37	
7	0.800 39	0.791 98	0.783 52	
8	0.799 56	0.791 14	0.782 67	
9	0.798 72	0.790 29	0.781 82	
10	0.798 78	0.789 45	0.780 37	

附表 4 在 20℃ 时常用的固体和液体的密度 ρ 单位：$\times 10^3 \text{ kg/m}^3$

物质	密度 ρ	物质	密度 ρ
铝	2.699	铂	21.450
钢	7.600～7.900	乙醚	0.714
铁	7.874	乙醇	0.789
铜	8.960	甲醇	0.792
银	10.500	冰(0℃)	0.880～0.920
铅	11.350	甘油	1.260
钨	19.300	蜂蜜	1.435
金	19.320	水银	13.546

附表 5 不同温度下水的黏度 η 单位：$\times 10^{-4}$ Pa·s

温度(℃)	0	1	2	3	4	5	6	7	8	9
0	17.87	17.28	16.71	16.18	15.67	15.19	14.72	14.28	13.86	13.46
10	13.07	12.71	12.35	12.02	11.69	11.39	11.09	10.81	10.53	10.27
20	10.02	9.78	9.55	9.32	9.11	8.90	8.70	8.51	8.33	8.15
30	7.98	7.81	7.65	7.49	7.34	7.19	7.05	6.91	6.78	6.65

附表 6 不同温度下 100% 乙醇的黏度 η 单位：$\times 10^{-4}$ Pa·s

温度(℃)	0	5	10	15	20	25	30	35	40
黏度系数	17.93	16.23	14.66	13.32	12.00	10.96	10.03	9.14	8.34

附表7　部分液体的黏度 η　　　　　单位：$\times 10^{-4}$ Pa·s

液　体	温度(℃)	η	液　体	温度(℃)	η
甲　醇	0	8.17	甘　油	0	1.210×10^5
	20	5.84		20	1.499×10^4
乙　醇	0	17.8		100	1.2945×10^2
	20	11.9	蜂　蜜	20	6.50×10^4
乙　醚	0	2.96		80	1.0×10^3
	20	2.43	蓖麻油	10	2.42×10^4
水　银	0	16.85		15	1.51×10^4
	20	15.54		20	0.95×10^4

附表8　水的表面张力系数 α（与空气接触）　　　　　单位：$\times 10^{-3}$ N·m^{-1}

温度(℃)	α	温度(℃)	α	温度(℃)	α
0	75.62	15	73.48	22	72.44
5	74.90	16	73.34	23	72.28
10	74.20	17	73.20	24	72.12
11	74.07	18	73.05	25	71.96
12	73.92	19	72.89	30	71.15
13	73.78	20	72.75	50	67.90
14	73.64	21	72.60	100	58.84

附表9　部分液体的表面张力系数 α（20℃与空气接触）　　　　　单位：$\times 10^{-3}$ N·m^{-1}

液体 α		液体 α	
煤　油	24	水　银	513
肥皂液体	40	甲　醇	22.6
蓖麻油	36.4	乙　醚	22.0
甘　油	63	乙醇(0℃)	24.1

附表10　某些物质相对于空气的折射率 n　　　　　入射光为 D 线 589.3 nm

物质 n		物质 n	
水(18℃)	1.3332	二硫化碳(18℃)	1.6291
乙醇(18℃)	1.3625	方解石(寻常光)	1.6585
冕玻璃(轻)	1.5153	方解石(非常光)	1.4864
冕玻璃(重)	1.6152	水晶(寻常光)	1.5442
燧石玻璃(轻)	1.6085	水晶(非常光)	1.5533
燧石玻璃(重)	1.7515		

附表 11　常用光源的谱线波长 λ　　　　　　　　　　　　　　　　　　　单位：nm

He		Ne		Hg	
706.5	红	650.6	红	623.4	橙
667.8	红	640.2	橙	579.1	黄
587.6	黄	638.3	橙	577.0	黄
501.6	绿	626.6	橙	546.1	绿
492.2	绿蓝	621.8	橙	491.6	绿蓝
471.3	蓝	614.3	橙	435.8	蓝
447.1	蓝	588.2	黄	407.8	蓝紫
402.6	蓝紫	585.2	黄	407.7	蓝紫
Na		**Li**		**Kr**	
589.6	D1 黄	670.8	红	587.1	黄
589.0	D2 黄	610.4	橙	557.0	绿
He—Ne 激光		**H**		**Sr**	
632.8	橙	656.3	红	640.8	橙
		486.1	绿蓝	638.6	橙
		434.0	蓝	406.7	蓝紫
		410.2	蓝紫		

附表 12　一些药物的旋光率 $[\alpha]_D^{20}$　　　　　　　　　　　　　　单位：$ml \cdot g^{-1} \cdot dm^{-1}$

药　名	$[\alpha]_D^{20}$	药　名	$[\alpha]_D^{20}$
葡萄糖	+52.5°～+53°	维生素 C	+21°～+22°
蔗　糖	+65.9°	薄荷脑	−49°～−50°
乳　糖	+52.2°～+52.5°	茴香油	+12°～+24°
樟糖(醇溶液)	+41°～+43°	氯霉素(无水乙醇)	+18.5°～+21.5°
山道年(醇溶液)	−170°～−175°	氯霉素(醋酸乙酯)	−22.5°

附表 13　不同金属(或合金)与铂(化学纯)构成热电偶的温差电动势
（热端 100℃，冷端 0℃）

金属或合金	温差电动势(mV)	连续使用温度(℃)	短时间使用最高温度(℃)
65%Ni+5%(Al,Si,Mn)	−1.38	1 000	1 250
钨	+0.79	2 000	2 500
康铜(60%Cu+40%Ni)	−3.5	600	800
康铜(56%Cu+44%Ni)	−4.0	600	800
制导线用铜	+0.75	350	500
镍	−1.5	1 000	1 100
手工制造的铁	+1.87	600	800

续　表

金 属 或 合 金	温差电动势(mV)	连续使用温度(℃)	短时间使用最高温度(℃)
80％Ni＋20％Cr	＋2.5	1 000	1 100
60％Ni＋10％Cr	＋2.71	1 000	1 250
90％Pt＋10％Ir	＋1.3	1 000	1 200
60％Pt＋10％Rh	＋0.64	1 300	1 600
银	＋0.72	600	700

注：① 温差电动势为正值时，在处于0℃的热电偶一端电流由金属(或合金)流向铂；负值时，电流的方向相反。② 为了确定用表中所列两种材料构成的热电偶的温差电动势，应取这两种材料的温差电动势的差值。例如，铜-康铜热电偶的温差电动势等于＋0.75 mV－(－3.5) mV＝4.25 mV。